농담, 응시, 어수선한 연결

삶과 예술 사이 장애연극의 시간

지수 나를 위해, 우리를 위해, 그리고 여러분과 만나기 위해
    우리는 연극을 합니다. 그리고 오늘 이렇게 만났네요.

지성 나는 하지성입니다.

희철 나는 강희철입니다.

우람 나는 백우람입니다.

보람 나는 강보람입니다.

주희 나는 조주희입니다.

예슬 나는 강예슬입니다.

지수 나는 김지수입니다. 그리고

다같이 우리는 극단 애인입니다. 만나서 반갑습니다.

우람이 배우들, 관객들의 단체 사진을 찍는다.
이 사진은 관객들이 나갈 때 영상으로 보여진다.

– 극단 애인, 〈장애, 제3의 언어로 말하다〉 중
*2015년 원작을 2022년 현재 시점에 맞춰 수정

농담,
응시,
어수선한 연결

글 김슬기

말 김지수

가망서사

차례

일러두기

* 단행본 및 신문·잡지 제목은 《 》, 예술 작품 및 글 제목은 〈 〉로 표기했습니다.

* 맞춤법과 외래어표기법은 국립국어원의 용례를 따랐습니다. 다만 '장애 및 투쟁의 경험에 대한
  공유된 문화적 의미와 집합적 표현의 발전'이라는 '장애예술' 개념에 따라, 자신의 장애 경험과
  맥락을 창작의 내용과 형식에 반영하는 창작자 및 창작물을 가리키기 위해 '장애연극', '장애배우',
  '장애연극인' 등은 붙여 썼습니다.

* 이 책은 연극 연구자 김슬기가 장애연극 창작자 김지수의 구술생애 인터뷰를 바탕으로 썼습니다.
  김슬기의 글과 말, 김지수의 말은 다른 서체로 구분했습니다.

* 《문화와 사회》 제28권 3호(2020)에 실린 〈장애연극인 구술생애사로 본 1세대 장애예술인의
  정체성: 장애예술 연구를 위한 비판적 시론〉이 책의 출발점이 되었습니다. 이 논문의 문제의식을
  기반으로, 이후 진행한 일곱 차례의 추가 인터뷰와 참여관찰 내용이 토대가 되었으며 논문의 일부
  내용을 수정·보완해 사용했음을 밝힙니다.

나는 지금 지수 씨가 춤을 추는 모습을 보고 있
다. 온몸의 여러 부위를 자기 방식대로 움직여 몸 전체를 음악
에 내맡기는 춤이다. 지수 씨의 휠체어가 들썩거린다. 배도 두
드리고 목도 빙글빙글 돌린다. 어느새 전동 휠체어가 앞뒤로
구르고, 크고 작은 동심원을 그리며 공간을 가른다. 섬세하게
집중해보면 휠체어 조이스틱에 올려놓은 그의 손끝이 얼마나
바쁘게 움직이는지 알 수 있다. 마스크 위로 활짝, 너무나 활짝
웃고 있는 눈이 보인다.

늦여름의 어느 상쾌한 토요일 밤, 우리는 지금 대학로 마로니
에 공원에 있다. 메인 무대에선 축제의 초대 가수가 온통 사람
들을 불러 모은다. 우리는 아이들이 뛰어노는 놀이터 옆 빈터에

자리 잡았다. 카메라가 돌아가고, 스피커 볼륨도 최대로 맞춰져 있다. 벤치에 앉은 이들, 산책하는 이들의 시선이 느껴진다. 나는 카메라 이편에서 그들의 춤에 취한다. 이따금 흥에 겨워 추임새를 넣으며 생각해본다. 여기, 세상의 한복판에서, 자연스럽게 우리와 어울려 춤을 추는 사람들이 있어도 좋겠다고.

서로 다른 일곱 몸들의 춤. 극단 애인의 단원들은 지금, 장애 연극인들의 워크숍에 사용할 몸풀기 영상을 만드는 중이다. 몇 년 전 이와 똑같은 상황을 마주쳤다면 나는 어땠을까. 언제고 다양한 거리 공연이 펼쳐지는 이곳에서도 유독 눈에 띄는 한 팀이 있구나, 하고 궁금해했을 것이다. 그런데도 가까이 보기를 주저하면서 어떻게 해야 최대한 무례하지 않게 시선 처리를 할 수 있을지 난감해하지 않았을까. 아니, 이걸 춤이라고 생각하기는 했을까.

○

내가 지수 씨를 처음 만난 것은, 2019년 3월, 극단 애인의 단원들이 배우로 출연하는 한 연극에 드라마투르그로 참여하면서였다. 드라마투르그 작업을 할 때 나는 대개, 공연의 창작 과정을 관찰해 피드백한다. 하지만 그때까지 장애배우들과 한 번도 연극을 만들어본 경험이 없던 나에게, 당시 연습 현장의 모든 것들은 너무나 생경했다. 연극이라는 창작 행위

안에서 그들이 무엇을, 어떻게, 왜 수행하고 있는지, 영영 그 의미를 읽어내지 못할 것 같았다.

그러던 중, 배우들에게 각자의 방식으로 자유 연기를 시도할 기회가 주어졌다. 이런 경우 배우는 보통 자기 연기력을 가장 잘 보여줄 수 있는 유명한 독백을 읊게 마련인데, 당시 함께 작업했던 장애배우들은 모두 자기 삶과 직접 연관된 특정 장면을 구성해 그 안에 존재하길 선택했다. 심지어 지수 씨는 객석을 향해 자연스럽게 자신의 일상을 이야기하는 것으로 무대를 꾸렸다. 나는 장애배우의 연기가 그들의 생애와 매우 밀접한 관련이 있다는 것을 알 수 있었다.

장애인 극단을 창단하고 작가이자 연출가, 배우로 활동해온 지수 씨라면 내게 무언가 이야기를 들려줄 수 있지 않을까. 막 대학원 박사 과정에서 구술생애사 연구방법론을 공부하고 관련 연구들을 탐독하던 시기였다. 나는 공연 연습이 한창이던 그해 6월, 지수 씨에게 구술생애사 인터뷰를 요청했다. 그 인터뷰가 이 책이 되기까지 지난 3년간, 총 열 번에 걸쳐 그의 구술을 채록했다. 짧게는 세 시간에서 길게는 여덟 시간 동안 구술이 이어진 날도 있었다. 이 책은 바로 그 구술들과 크고 작은 비공식적 대화들, 그리고 그 틈새를 메우는 수많은 일화를 재구성한 결과물이다.

첫 인터뷰에서 지수 씨와 마주 앉은 나는, "어디서부터 이야기를 시작해볼까요?"라고 운을 뗀 뒤, 지수 씨가 전반적인 생애 이야기를 마치기까지 약 90분의 시간 동안, 거의 아무런 말도 하지 않았다. 한차례 구술이 끝나고 나니, 궁금했던 것을 내 관점에서 하나하나 질문했다면 결코 도달할 수 없었을, 한 사람의 생애를 관통하는 풍성하고 아름다운 서사가 고스란히 남아 있었다.

구술생애사 인터뷰에서, 인터뷰어는 최대한 질문과 개입을 줄인다. 인터뷰이가 어떻게 자신만의 방식으로 삶을 이해하고 해석하는지를 듣기 위해서다. 무슨 이야기를 먼저 시작할지, 어떤 사건과 관계를 바탕으로 생애를 풀어낼지, 과거에 느꼈던 감정과 현재의 상태는 어떻게 다른지, 이 모든 것들은 온전히 인터뷰이의 선택에 따라 결정된다.

따라서 이는 서사의 주체로서 인터뷰이의 목소리에 귀 기울여 그의 관점으로 역사를 다시 써 내려가는 일이 될 수 있다. 우리는 인터뷰이의 생애를 따라가면서 사회가 개인에게 어떤 영향을 미치는지, 그리고 개인은 사회를 어떻게 변화시키는지 확인하게 된다. 구술생애사는 단순히 개인의 인생 역정을 풀어내는 것을 넘어, 개인과 사회가 어떻게 관계 맺고 있는지, 그 미시적 맥락을 추적한다.

하지만 지수 씨와의 구술생애사 인터뷰를 거듭하면서, 나는 이

보다 좀 더 근원적인 앎에 도달할 수 있었다. 지수 씨가 불러낸 그 무수한 순간들과 수많은 등장인물 사이에서 나는 배웠다. **서로를 그냥 스쳐 지나가는 사람은 없다는 것을,** 모두는 모두에게 흔적을 남긴다는 것을. 슬프게도, 그리고 기쁘게도, 그 흔적들은 끊임없이 되살아나고 포개어지며, 견고하게 삶을 지탱하고 이끌어간다.

그 부활과 재생의 서사를 함께 써 내려가는 일, 바로 여기에 누군가를 만나고 알아간다는 것의 특별함이 있지 않을까. 부지불식간에 하지만 기꺼이, 이 놀라운 사건에 휘말리기. 그럼으로써 다른 존재를 나와 동떨어진 개체로 구분 짓는 게 아니라, 서로의 삶을 공동 저술하는 동료로 두텁게 포옹하기. 그렇게 나는 지수 씨의 구술생애사 인터뷰를 다리 삼아 그의 삶으로 자연스레 미끄러져 들어왔다.

○

이 책은 장애연극인으로서 지수 씨의 삶과 경험에 기대고 있다. 앞서 나는 구술생애사에 대해 개인과 사회가 어떤 영향을 주고받는지, 그 관계를 밝혀내는 작업이라고 썼다. 지수 씨의 생애사는 장애와 예술에 대한 우리 사회의 인식, 전문 예술가로서 장애연극인들의 실천, 그리고 지난 몇 년 사이 쌓여온 연극 현장의 변화를 가시화한다. 내가 그 진행형의 시간을 지수 씨와 더불어 관통해온 것은, 지금 다시 생각해봐도 도저히 믿을 수 없을 만큼 놀라운 행운이었다.

극단 애인의 단원들은 그 시간 동안 내게 곁을 내어주었다. 더 없이 편안한 공간을 열어주었고, 연극하는 고민을 나눠주었다. 그들과 함께한 모든 곳이 나의 일터였고, 놀이터였으며, 삶터였다. 장애연극에 대한 토론에서부터 일상의 대화들까지, 우리는 늘 시간이 부족하도록 치열했으며 시시콜콜하게 많이 웃었다. 그렇게 나는, 애인의 친구가 될 수 있었다. 강보람, 강예슬, 강희철, 백우람, 조주희, 하지성, 여섯 애인들에게 감사와 애정의 인사를 전한다.

지수 씨와 나는 장애연극의 창작자와 연구자로 만났다. 일상에서는 서로를 선생님이라 부르며 — 물론 대부분은 '샘'이나 '쌤'이라는 호칭을 쓰지만 — 관계의 무게를 인식하려 노력하는 사이다. 이 책을 시작할 당시만 하더라도 나는, 이제 막 장애연극을 배워가고 있는 내가 과연 지수 씨의 이야기를 쓸 자격이 있을까, 하고 오래 머뭇거렸다. 그리고 지금은 스스로에게 묻는다. 세계를 함께 살아가는 존재로서 나는 얼마나 자격이 있는지를.

질문을 다시 쓰게 한 것은 지수 씨와 함께 보낸 시간들이었다. 나는 그와 더불어 질문을 만들고, 응답할 수 있는 힘을 기르고, 함께 살아가기를 연습했다. 이 책에서 그를 "지수 씨"라고 부르게 된 것도 그 덕분이다. 나와 개인적인 관계를 맺고 있는 김지수 선생님이 아니라 한동네에 살고, 함께 지하철을 타며, 같은 식당에서 밥을 먹는 동료 시민 지수 씨. 그래서인지 이 책을 쓰는 동안 나는, 그를 더 가까이 살피고 조금은 허물없이 대하게 됐다.

○

농담과 응시가 성립하기 위해서는 주체와 대상이 있어야 한다. 지수 씨와 함께 있으면 그 주체와 대상의 관계가 끊임없이 교란되는 상황을 마주하곤 한다. 때론 서로의 위치가 역전되거나, 둘 사이의 경계가 허물어지는 일도 경험하게 된다. 나는 그 순간들 속에서 모두와 같이 웃고 친밀하게 시선을 나누는 방법을 배우고 있다.

이 책을 쓰는 동안 사회를 비판해야 할지, 나를 성찰해야 할지 혼란스러울 때마다, 지수 씨가 만들어냈던 그 역동적인 농담과 응시의 맥락을 떠올렸다. 그리고 주변 사람들과 자주 그 이야기들을 나누려고 했다. 그럴 때면 비판이나 성찰에 머물러 있을 때보다 조금 더 생생하게 세상과 연결되어 있다는 감각이 생겨났다. 독자들에게도 이 책이, 다른 존재를 만나고 알아가는 교차로가 되었으면 좋겠다.

1막 명백히 농담이 될 수 없는

농담

당신은 장애를 소재로 농담을 할 수 있는가. 농담이라니, 혹시 장애를 희화화하고 장애인을 비하하는 말들이 먼저 떠오르지는 않는가? 장애와 농담이라니!

이 질문은 장애를 바라보는 우리 사회의 관점과 태도, 그에 얽힌 딜레마를 건드린다. 그 농담이 무엇을 우습게 만드는 것인지, 우리는 누구를 향해 웃어도 되는지, 그때의 웃음은 어떤 맥락 안에 놓여 있는지, 선뜻 판단을 내리기가 쉽지 않다.

○

지수 씨가 자신의 장애를 두고 농담하는 걸 처음 들었던 날이 기억난다. 한성대 입구의 한 지하 연습실, 아직 캐스팅이 완료되지 않은 시점이라, 배우들은 여러 배역들의 대사를 돌아가며 입에 붙여보고 있었다. 그날 지수 씨는 유독 특정 대사에서 여러 번 실수를 거듭했는데, 실수할 때마다 연습의 흐름이 끊겼기 때문에 그 민망하고 멋쩍은 상황을 모면해볼 요량이었던 것 같다.

문제의 대사는 "아침엔 네 발, 점심엔 두 발, 저녁엔 세 발로 걷는 것이 무엇인지"를 묻는 그 유명한 스핑크스의 수수께끼. 나에게 그건 굳이 애써 외워야 할 문장이 아니었다. 그런데 곧바로 이어진 지수 씨의 농담. "아, 이 대사 이거 왜 이렇게 안 외워지지? 난 두 발로 걸어본 적이 없어서 그런 것 같아."

순식간에 연습실은 웃음바다가 되었지만 나는 어안이 벙벙했다. 이게 농담이라고? 이런 농담에 웃는다고?

만약 연습을 지켜보던 비장애 연극인 동료가 같은 말을 했다면 어땠을까. "아니 왜 자꾸 그 대사를 틀리시는 거예요? 두 발로 걸어본 적이 없어서 그러세요?"라고 했다면 그건 명백히 농담이 될 수 없는 이야기였다.

아니, 농담은커녕 폭력적이라고 맹비난받아도 할 말 없는 상황 아닌가. 같은 이야기라도 장애 당사자가 해서 괜찮은 건가? 장애 당사자가 하면 왜 괜찮지?

●

장애를 가지고 농담을 한다. 아, 잘 모르겠네요. 하하. 때때로 하기도 하죠. 딴 사람이 하면 기분 나쁠 때도 있고. 몇 년 전에 어떤 송년회 모임이 있었어요. 그때 모인 사람들이 돌아가면서 이런저런 얘기들을 하는데, 다들 마이크를 들고 일어서더라고요. 제 차례가 와서, 여러분들 다들 일어서서 얘기하시는데, 저는 일어설 수가 없어서 앉아서 할게요, 이랬더니 정말 분위기가 너무 싸해진 거예요. 그냥 농담한 건데!

왜 안 웃으시는 걸까, 잘 모르겠는데. 장애라는 게 안 좋은 거라고 생각하니까 더 그런 게 아닌가 하는 생각도 들고요. 근데 그 상황에서 다른 사람이 저한테 아유, 김지수 선생님은 그냥 앉아서 하세요, 그런다? 흠… 그럼, 아, 서서 하고 싶은데 안되네요, 뭐 그럴 것 같은데. 하하하. 제가 좀 다른 사람들에 비해서 장애를 가지고 농담을 잘하는 것 같긴 하네요. 그나저나 그런 상황에선 왜 일어나는 거예요? 듣는 사람에 대한 예의인가?

언젠가 그런 얘기 들은 적 있는데, 중증 장애인 두 분이 짜장면을 시킨 거예요. 근데 짜장면 그릇에 씌워져 있는 랩을 벗기기가 어려웠던 거죠. 그래서, 배달 오신 분한테 아저씨, 저희가 빙신이라서요, 랩을 못 까요. 좀 까주세요, 그랬다고. 하하하하. 그래서 제가, 아니, 그냥 손이 불편해서 못한다고 하지 왜 병신이라고 해요, 그랬더니, 아, 그렇게 해야 금방 알아들어. 근데 그때는 그 말 들으면서도 진짜 그렇게까지 해야 되나 그런 생각하긴 했었거든요.

○

그날의 일은 두고두고 내 마음을 어지럽혔다. 마치 스핑크스의 수수께끼처럼, 반드시 통과해야만 하는 테스트, 절대로 피해갈 수 없는 관문 앞에 와있는 것만 같았다. 그 의미가 선명해진 것은 한참이 지난 후였다.

처음에는 왜 사람들이 '자학 개그'나 '셀프 디스'를 하는 것인지, 그 심리를 곰곰이 생각했다. 남들이 나를 놀리기 전에 내가 선수 쳐서 스스로 웃음의 대상이 되길 '선택'하는 이유. 누구나 사회통념상 이상적이지 못한 속성을 가지고 있을 텐데, 그 결함이 유난히 두드러져 드러나는 순간이 있지 않은가. 그로 인해 관심이 집중되고 어색한 긴장이 지속될 때, 그 경직된 분위기 속에서 다른 사람이 부담을 지지 않도록 내가 먼저 그것을 놀림거리 삼는 것. 나는 지수 씨의 농담이 그런 것이겠거니, 짐작했다.

하지만 여전히 풀리지 않는 의문이 있었다. 지수 씨와 오래도록 함께 연극을 만들어왔던 동료들은 모두 그 농담에 박장대소하지 않았던가. 나보다 장애감수성이 훨씬 민감한 그들은 어떻게, 장애를 소재로 한 '자학 개그'나 '셀프 디스'에 웃을 수 있었던 걸까.

수수께끼는 지수 씨와 함께하는 시간이 쌓이면서 서서히 풀렸다. 그건, 그냥 장애 당사자가 했기 때문에 넘어갈 수 있는 농담이 아니었다. 장애를 결함이라고 생각하는, 그래서 놀림거리 삼으면 안 된다고 믿는, 경직된 사고방식에 대한 은근한 일격. 모두의 웃음에는, 그런 농담에 반사적으로 기겁하는 나 같은 사람을 향한 부드러운 일갈이 녹아 있었다.

●

　　　　저는 이런 것 같아요. 누군가가 저를 봤을 때 어찌할 줄을 몰라서 불편해하는 상황이 제가 너무 불편한 거예요. 그러니까 그 사람을 편하게 해주려고 농담을 하는 게 아니라 내가 편하려고 하는 거죠.

　그리고, 이건 뭐 좋은 경험은 아니지만, 제 경험에 비추어 보면, 조심스러워하는 사람이 나중에는 훨씬 더 무례한 경우가 많았거든요. 뭔가 다르기 때문에 배려해야 된다, 존중해야 된다, 장애인을 그런 존재로 취급해버리는 거죠. 그래서 그런 농담들을 제가 많이 하는 게 아닐까 싶어요.

　(급 정색) 물론 이게 환경적인 여러 문제가 얽혀있어서 쉽게 얘기할 건 아니에요. 이를테면 장애 때문에 가난하고, 그 가난이 또 다른 악순환으로 연결되는 그런 고리 안에서 제가 이렇게만 얘기하면 안 되겠지요. 너무나 이론적인 말 같지만, **저는 장애가 세상을 바꾸는 조건이라고 생각해요.** 장애로 인해 불편하다고 얘기할 수 있고, 변화되어야 한다고 요구할 수 있고. 단지 장애를 가졌다는 이유로 차별당하지 않도록.

　근데 그래도 농담은 조심해야겠어요.

○

다시 말해, 지수 씨에게 장애를 가지고 농담을 한다는 건 오히려 '자학 개그'나 '셀프 디스'의 문법을 완전히 전복하는 일이었던 것이다. '자학 개그'나 '셀프 디스'가 성립하려면 지수 씨 자신이 먼저 장애를 놀림거리가 될 만한 결함으로 받아들이고 그걸 희화화해야 했다. 하지만 돌이켜보면 그런 생각을 한 건 언제나 농담을 불편해한 나였다.

사회학자 어빙 고프만*의 **낙인** 개념은 이런 나의 편협한 오해가 어디에서 왔는지를 잘 설명해준다. 그는 심한 불명예나 수치를 가져오는 속성으로써 사회에서 작동되는 '낙인'을 정의하면서, 대표적인 낙인의 유형 중 하나로 "다양한 신체적 기형이나 불구"를 꼽는다. 고프만에 따르면 '낙인자'는 사회의 기준을 스스로 내면화해 "더럽혀진 속성을 소유하였거나, 어떤 속성을 소유하지 못한다는 인식으로 인해 수치심"을 느낀다.

지수 씨의 농담에 웃지 못했던 나는, 일반석으로 사회가 장애

* 어빙 고프만, 《스티그마: 장애의 세계와 사회적응》, 한신대학교출판부, 2009, 15~16쪽. 이 책의 초판이 출간된 것은 1963년의 일이다. 당대 고프만은 장애인들의 실제 인터뷰를 활용한 여러 연구를 참조해 이러한 낙인 개념을 이끌어 냈다. 고프만의 분석은, 장애를 개인의 신체적 문제가 아닌 사회적 상호작용에 의한 결과로 다루면서도, "정보 통제"와 "긴장 관리"에 참여하는 전략가이자 달변가로 장애인을 재위치시킨다는 점에서 큰 반향을 불러일으켰다. 그러나 이후 장애권리운동이 확산하면서, 장애인이 비장애중심주의의 가치를 온전히 수용하고 그에 순응한다고 전제하는 고프만의 낙인 개념은 명백히 그 한계를 드러냈다.

를 불명예스럽고 수치스러운 것으로 낙인화하니 장애인들 역시 그 낙인을 수용하리라 섣불리 가정하고 있었다. 하지만 '장애가 세상을 바꾸는 조건'이라고 생각하는 지수 씨에게 장애에 관한 농담은 비장애중심주의가 판치는 세상을 향한 통쾌한 풍자에 가깝다. 비장애를 규범으로 삼는* 모든 것들과 불화하는 지수 씨의 농담은 장애에 대한 그 어떤 편견이나 차별, 혐오의 낙인도 없이 자유롭다

앞서 언급한 스핑크스 수수께끼의 정답은 '인간'이다. 내가 그 한 구절 한 구절에서 무의식적으로, 양팔과 양다리를 이용해 기는 아기와 직립보행하는 성인, 그리고 지팡이를 짚은 노인의 이미지를 떠올렸기 때문에 그날의 농담이 불편했다는 것을, 지수 씨와 만남을 거듭하며 비로소 깨달을 수 있었다.

* 표준국어대사전에 따르면 '규범'이란 인간이 행동하거나 판단할 때에 마땅히 따르고 지켜야 할 가치판단의 기준을 뜻한다. 하지만 우리 사회의 여러 규범들을 떠올려보면, 그것이 언제나 "비장애인이 행동하거나 판단할 때 마땅히 따르고 지켜야 할 가치판단의 기준"이라는 사실을 어렵지 않게 눈치챌 수 있다. 이 책에서는 '비장애 규범'이란 표현을 통해 규범 그 자체가 이미 중립적이지 않음을 환기하고자 했다.

비장애인으로 상정된 인간, 그 관념과 이미지에 나는 얼마나 잠식당해 있었던 걸까. 지수 씨의 농담은 인류의 지혜가 녹아있다는 그 오래된 수수께끼를 어떻게 다시 써야 하는지 질문한다. **나도 언젠가 장애를 가지고 농담을 할 수 있을까.** 그렇게 나는, 지수 씨가 열어준 문 앞에서 이제껏 한번도 인식해본 적 없는, 어떤 경계를 넘을 준비를 하고 있었다.

실루엣

공연 오픈이 얼마 남지 않은 시점이었다. 극장에서는 리허설이 한창이었고, 여러 스태프들이 객석에 앉아 무대를 지켜보고 있었다.

무대와 객석 사이에는 하늘하늘한 빨간색 커튼이 드리워져 있었고, 커튼 너머로 어슴푸레 배우들의 실루엣이 드러났다. 객석에 있던 스태프들이 "야해요!" 하고 먼저 농담을 던지자, 무대에 있던 지수 씨는 "내 평생 야해 본 적이 없는데, 무대에서 야해 보는구나!" 하고 농담을 받아쳤다.

물론 그 장면은 야해 보이라고(?) 만든 게 아니었다. 스태프들도 지수 씨도 그저 농담을 주고받으며 긴장을 풀고 있을 따름이었다. 야하다는 말은 배우들의 차림이니 행위에 대한 판단이 아니었으며, 그저 무대 세트와 조명이 만들어낸 순간적인 분위기와 효과에 대한 자연스러운 반응이었을 뿐이다. 그런데 당시 나는, 그 농담이 어쩐지 재미있지가 않았다. 지금 이 사회에서 장애여성이 얼마나 철저히 무성적인 존재로 인식되는지와 관련된 논의들을 막 알아가는 중이었기 때문이다.

2022년을 사는 우리는 누군가를 성적인 대상으로만 바라보는 것, 나아가 서로의 관계나 상황을 고려하지 않고 상대의 행위를 곧장 성적인 맥락으로 해석해버리는 것이 얼마나 경계해야 하는 일인지 알고 있다. 하지만 성적 매력도, 성적 욕망도 없는 몸으로 여겨지는 장애여성은, 자신의 섹슈얼리티를 탐색하고 표현할 권리조차 실천할 수 없는 존재로 치부된다. 이러한 억압과 통제 속에서라면 그들은 언제까지나 성적 착취와 폭력으로부터 보호받아야 하는 존재, 안전하고 평등한 관계를 선택하거나 결정하지 못하는 존재로 대상화될 수밖에 없다. 그래서 야하다라는 말에 대한 지수 씨의 반응은, 장애여성이 성적 주체가 되는 동시에 성적 대상이 된다는 것이 어떤 의미인지, 그 복잡한 긴장을 함축한다.

나는 궁금했다. 지수 씨에게 야하다는 건 무엇이었을까?

●

야하다, 그건 뭐랄까 좀 관능적인 그런 느낌인 거잖아요. 근데 저는 그런 느낌을 가져본 적이 없는 것 같았어요. 기본적으로 저에게 그런 말을 한 사람이 없었고. 제가, 그렇게 한번 해볼까? 그런 것도 없었고요. 그래서 그런 생각이 들었죠. 사람들은 야하다는 말을 어떨 때 하는 걸까? 그리고, 나는 왜 그런 욕망이 없었을까?

어렸을 때부터 몸을 가려야 한다고 생각해왔기 때문에 그런 것 같기도 하고요. 장애인들은 그렇거든요. 가족들이 정해진 옷만 입히는 거예요. 몸을 가릴 수 있는 옷, 입히고 벗기기 편한 옷. 자기가 입고 싶은 옷은 다 커서, 집을 나와서야 입게 되는 거죠. 엄마가 왜 그런 옷을 입니, 하면 **내버려 둬, 내가 입고 싶어서 입는 거야, 그런 정도의 말을 할 수 있는 힘이 생겼을 때**. 사실은 내 몸이 드러나는 옷을 입었을 때의 홀가분함이 있거든요. **휘어지고 구축된 내 몸이 드러나는, 더 이상 피할 것이 없는 상태.**

제가 삼십 대 초반에 한창 시스루가 나왔는데 자립생활센터에 출근하면서 좀 얇은, 비치는 블라우스를 입고 갔거든요. 회의를 하려고 열일곱 명 이렇게 둘러앉아 있는데, 남자 직원 하나가 저를 보더니 그러는 거예요. 어, 팀장님 오늘 시스루 입으신 거예요? 근데 그 뉘앙스가 너무 안 좋은 거죠. 그 순간 제가 느꼈던 그 복잡미묘한 감정이 지금도 되게 생생해요. 지금 무슨 의도로 저런 얘기를 하는 거지? 그리고 그 말이 끝나기가 무섭게 모두가 내 몸을 바라보는 그 느낌.

○

　　누구에게든 원치 않는 응시의 대상이 되는 것은 폭력적인 일이다. 그러나 자신이 욕망할 만한 대상이 될 수 있다는 것, 그것이 가져다주는 흥분과 쾌락도 분명히 있다. 문제는 이때 사회가 요구하는 이상적인 몸과 외모의 조건이 작동한다는 데 있다. 내가 원하는 대로 나를 가꾸고 드러내는 일도 이로부터 완전히 자유롭지 못하다. 그런데 많은 경우 장애여성에게는 자신이 원하는 것을 탐색할 기회조차 주어지지 않는다. 그러니 '야하다'는 농담은 나와 지수 씨에게 너무나 같은 감각을 불러일으키면서도 완전히 다른 의미가 될 수밖에 없는 말이다.

　지수 씨가 한 번도 욕망해보지 않은 '야한' 것의 영역. 그리고 무대 리허설 중 전혀 의도치 않은 방식으로 응시의 대상이 된 순간, 충분히 신뢰할 만한 관계 속에 툭 튀어나온 농담과 그에 대한 유쾌한 응수. **그날의 실루엣은 이 모든 힘들의 밀고 당김 속에 폭풍의 눈처럼 놓여 있는 지수 씨의 존재, 그 자체였다.**

　그날 이후, 나는 다양한 개인의 자기 표현 방식을 바라보는 내 시선을 돌아보게 됐다. 나의 시선에 사회의 관습적 기준이 어떤 영향을 미치는지, 그 기준이 누구를 억압하거나 해방하는지 곰곰이 들여다보았다. 여성의 선택과 저항, 다양한 몸의 고유성을 긍정하면서도, 나는 자신이 원하는 방식으로 스스로를 드러내는 장애여성의 욕망을 그려본 적이 없었다. 그러한 무심함이 장애여성에게 억압이 될 수 있다는 것도 미처 알지 못했다.

나는 지수 씨를 떠올리며 내가 이제껏 뿌리내리고 있던 세계관이 누구의 어떤 자격을 박탈해왔는지를 헤아려보았다. 그리고 야하다는 말이 가진 관능적인 힘 안에서, 지수 씨가 좀 더 자유로워졌길, 마음으로 빌었다.

약속 장소

극단 연습실 밖에서 지수 씨와 만날 약속을 잡을 때면 나는 매번 어설픈 실수를 한다. 일상에서는 어딜 가야 문턱이 없는지, 교통편이 편한지, 장애인 화장실은 있는지를 거의 신경 쓰지 않으니 이런 조건이 맞아서 지수 씨와 함께 갈 수 있는 장소가 바로 떠오르지 않는다. 인터넷 검색도 한계가 있어 후보지를 미리 답사하곤 하지만, 그러면 지수 씨를 만나기도 전에 진이 빠지고 화가 치민다.

가고 싶었던 곳도 지수 씨의 눈으로 다시 보면 계단과 문턱에 걸려 아예 들어갈 수 없거나, 간신히 들어갈 수 있어도 화장실을 찾으려면 거리를 헤매야 하기 일쑤다. 한번은 어떤 쇼핑몰 안내 센터에 가서 장애인 화장실이 어디 있는지 물었더니, 바로 앞에 있는 에스컬레이터를 가리키며 2층으로 올라가라고 말했다. 엘리베이터가 어디 있는지 알려주셔야죠, 라고 되물으면서 왜 이런 기본적인 인식이 없는 것인지 의아했다.

휠체어가 들어가기에 충분히 넓은 카페들은 코로나 이후 방역을 위해 출입구를 하나만 개방하면서, 경사로가 설치된 보조 출입구를 먼저 걸어 잠갔다. 왜 애초부터 큰길과 가깝고 폭이 넓은 주 출입구에 경사로를 만들지 않았을까.

지수 씨를 만나기 전까지는 지하철역 엘리베이터 위치에 대해 생각해본 적도 없었다. 아직도 서울시에는 엘리베이터가 없는 지하철역이 스무 곳이 넘고, 상당수의 역이 엘리베이터를 한 대만 운영하기 때문에 눈앞에 출입구를 두고도 횡단보도를 몇 개씩 건너 먼 길을 돌아가야 할 때가 많다. 1역 1동선 확보를 목적으로 시설 공사를 추진한다고 하지만, 휠체어를 이용하지 않는 승객에게는 애초에 여섯 개, 여덟 개씩 출구가 열려 있지 않은가.

세상은 그에게 너무나 불평등한 방식으로 구성되어 있지만, 나는 지수 씨와 만날 때에야 새삼 그걸 깨닫고 금세 또 잊어버린다. 내가 아는 것은 고작 이 정도뿐이다. 그러나 지수 씨의 일상에는, 이보다 훨씬 미시적이고 구체적인 차별과 배제의 경험들이 불쑥불쑥 끼어든다.

밖에서 식사를 하게 되면, 아주 여러 가지가 다층적으로 얽혀있는 경험을 하게 되는데, 사실 밥 먹는 일이니까, 그냥 일상적으로 그런 거죠. 밥을 먹어야겠다는 생각이 들면 기본적으로 머릿속에서 몇 시에 가야 할지를 먼저 생각해요. 어딜 가서 뭘 먹을까가 아니라. 사람이 많을 때 가면 안 될 것 같으니까. 문턱이 없어서 혼자 들어갈 수 있는 곳에 가더라도, 마음속으로는 사람 많을 때 가면 피해를 줄 거라는 생각을 하는 거예요. 분명히 아닌데. 아니어야 하는데. 근데 현실에선 피해가 안 가는 건 아니라서요. 누가 의자 빼줘야 하고, 뭐 그러면 눈치를 보는 거죠. 본능적으로 그래요.

며칠 전에는 결국 그래서 김밥을 포장해다가 먹었는데, 그걸 먹으면서 생각했어요. 이게 과연 자연스러운 삶인가. 지금도《에이블뉴스》나《비마이너》, 그 밖에 여러 군데서 들어갈 수 없는 음식점이 너무 많다, 경사로 설치하라, 그런 얘기들 하잖아요. 그런데 경사로가 있는 음식점이라고 해서, **우리는 정말 아무 데나, 아무 때나 가는 건가?** 사실은 어떤 내면화된 억압이 있는 거니까. 제가 배가 고파도 식사 시간엔 가지 말아야지, 포장해다 먹어야지, 이렇게 생각하는 거잖아요. 요즘 코로나 때문에 포장이 일반화되긴 했지만 옛날엔 포장해다 먹는 거 정말 싫어했거든요. 진짜 자유로운 상태가 아닌 거죠.

내가 살면서, 죽을 때까지 이 마음에서 벗어나 한창 붐비는 시간에 내키는 대로 식당에 갈 수 있을까? 환경적인 건 둘째치고, 내 내면에서 그게 될까? 이런 생각이 들어서, 굉장히 슬펐어요. 이게 일상이에요. 예를 들면, 요즘은 편의점이 진짜 많잖아요. 근데 여기 오류 1동, 2동을 통틀어서 제가 들어갈 수 있는 편의점은 다섯 개가 채 안 돼요. 그것도 멀리 떨어진 곳에 있어서 한참을 가야 하죠. 얼마 전에 장애인차별금지추진연대가 모 편의점 본사 앞에서, 접근이 가능하지 않은 편의점이 너무 많다고 기자회견을 했거든요. 근데 본사 쪽에서는 경사로 설치, 이런 건 법적으로 어떻게 할 수가 없고 편의점주 권한이다, 그러고 말았죠.

뭐 어떻게든 접근이나 진입이 가능한 편의점이라고 하더라도 통로가 굉장히 좁은 곳이 대부분이에요. 제가 휠체어가 되게 쪼그만 편인데, 그 안에서 둘러보는 것도 힘들거든요. 사실 편의점이 진짜 유용하고 신기한 것들이 많이 있는 곳이잖아요. 특히 1인 가구에게는 그때그때 필요한 것들을 구할 수 있는 곳인데. 저는 정보를 얻기도 어려워요. 제가 편의점에 혼자 가면, 일하는 분이 저를 딱 쳐다보는 느낌이 있어요. 물론 사람마다 다르긴 한데, '혼자 왔냐?' 이런 느낌이에요. 저 사람이 뭘 할 수 있나, 하고 봐요.

●

저 오늘 되게 좋아하는 작가가 쓴 작품 보러 가거든요. 그래서 휠체어석 있냐고, 예약하려고 전화를 했죠. 뭔가 안 만들어놓은 것 같은데, 일단 있다고 하더라고요. 근데 리프트를 타고 내려가야 된다고, 처음에는 저한테 보호자가 같이 오냐고 물었어요. 그래서 제가 "보호자가 아니라 동행인이라고 해주세요." 했죠. 그랬더니 "네, 동행인께서 30분 전에 와서 리프트 작동 방법에 대한 안내를 받고 재난 대피 관련 사항을 숙지하셔야 해요." 하는 거예요. 제가 "근데 그걸 제 동행인만 들으면 되는 거예요? 저한텐 얘기 안 해주시고요?" 그랬어요. 기본적으로 너무 예의가 없잖아요.

최근에 연극을 대여섯 개 정도 예매했는데, 자연스럽게 금방 된 적이 없어요. 한번은 객석이 없어서 알아봐야 한다는데 예매처도 모른다고 하고, 기획사에서도 안 되고, 극장에서도 미루는 거죠. 그래서 화를 엄청 냈더니, 기획사에서 연출가랑 얘기를 해서 해결을 했고, 예매처에서 할 수 있게 해놨다고 하더라고요. 그게 3일 걸렸거든요. 제가, 왜 다시 예매처에서 하라고 하냐, 기획사에서 해결해줘야지, 했더니 그제야 해주더라고요. 기본적으로 인터넷으로는 거의 예매가 안 되고 전화하면 마치, 해준다, 이런 느낌인 거죠. 아 정말, 지금 이 시대에 아직도 이런 얘기를 해야 하나! 하하하. 이 운동을 좀 해야겠어요!

그러니까 과잉 친절 말고 일상생활에서 그냥 인간에 대한 관심, 애정 이런 게 필요한 거잖아요. 그거 뭐라고 하죠, 요즘? 이의 제기 많이 하는 사람? 프로불편러?! 장애인들이 그런 존재인 거예요. 저는 사실 그렇지 않아서 더 문제가 많은 사람인데. 왜냐면, 좋은 게 좋은 거지, 이렇게 넘어가는 게 많아서. 근데 지금의 연극판에서는 저를 그렇게 생각하겠죠. 컴플레인 하는 사람. 그게 정말, 하… 정말 이상해요. 왜냐면 나를 불편러 같은 존재로 생각하지 않는 사회가 있으니까요. 그리고 내가 정말로 투쟁해야 하는 사회도 따로 있고. 과잉 친절 같은 것에 또 다른 방식으로 대처해야 하는 입장이기도 하고요.

제가 어딜 가나 장애인으로 불린다고 해도, **사실 장애가 나를 드러내는 전부는 아니잖아요.** 나는 하나의 개별적인 사람이고, 내 삶이 있으니까요. 장애인이라고 다 똑같은 것도 아니고요. 하지만 저는 장애인으로 불리고, 거기서 벗어날 수가 없어요. **사실 어떤 맥락 안에서는 거기 갇혀서 사는 사람이기도 해요.** 철저하게 그냥 나, 난 나야, 이렇게 못 살아요. 그런데 또 아주 구체적인 일상의 문제들까지 생각하기 시작하면 삶이 너무 피곤해서요(웃음). 뭐 어떤 문제들에 꽂힐 때도 있겠죠. 말씀드렸지만, 저 사실 되게, 신경 안 쓰고 살 때도 많아요. 하하하.

○

나는 지수 씨가 겪은 이야기들을 들으며 같이 분노하거나 때론 통쾌해했지만, 사실 그가 말한 것처럼, 지수 씨는 그저 억압받는 소수자도 아니고 언제나 맹렬하게 저항하는 투사만도 아니다. **그 사이 어딘가에 있는 지수 씨의 삶.** 일상의 숱한 피로를 통과해가며 단련되었을 그의 섬세한 감수성, 보이지 않는 곳에서 이 사회를 바꾸어 왔을 그 실천들.

　지수 씨의 삶을 **실천**이라고 표현하는 나는, 이미 그것만으로 내가 그에게 얼마나 큰 빚을 지고 있는지 실감한다. 고작 경사로라는 물리적 장치의 설치 여부로 그의 자유도를 가늠해버리는 이 사회에서, **우리는 과연 함께 자유로울 수 있을까.**

　지난 몇 년 사이 나는, 소수자와 투사 사이의 그 삶을, 연극하는 김지수를 보면서 조금씩 조금씩 알아가는 중이다.

진   다음 주까지야.

철이   갔다 와.

진   너랑 같이 가고 싶다구. 더 넓은 세상에 가서 살아보자.

철이   …

진   가서 1년만 지내보자. 응?

철이   난 여기가 좋아.

진   남들 신경 좀 안 쓰고, 자유롭게 살고 싶단 말야.

철이   여기서도 자유로울 수 있어.

사이

진   평생 이렇게 살 거야? 이 가게 하면서?

철이   가게가 어때서?

진   가게가 나보다 중요해?

철이   가게 문을 여는 건 손님들과의 약속이야.

진   어머니가 하시던 가게지만 손님도 점점 없잖아. 그냥 직장 다 니면서 주말에는 놀고, 남들처럼 평범하게 살면 안 돼?

철이   한 달에 두 번 쉬잖아.

진   야구하고 피곤해서 친구들 만나는 것도 부담스럽다며?

철이   난 내 친구들 만나자는 말도 안 하잖아.

진   왜 안 해?

철이   니가 싫어하니까. (사이) 내 친구들 왜 싫어해?

진   … 커피숍이나 음식점 하나 갈래도 여기저기 찾아다녀야 돼서

부담스럽고, 어딜 가나 왠지 사람들 눈치 보이는 것도 싫고…
그런 게 좀 귀찮아.

철이   그래서 비장애인 친구들하고만 어울리고 그 무리에 섞이지 못
하면 실의에 빠지고… 그래?

진   사실 불편해. 난 장애인들이랑 있으면 뭔가 좀 어색하고 무슨
말을 해야 할지도 모르겠고. 그리고…

철이   자존심 상하고.

진   그래.

철이   근데 너. 그 사람들한테 상처받으면 꼭 나한테 오잖아. 니가 비
장애인이 될 수 없다는 걸 깨달을 때마다 내 친구들을 만나자
고 하는 거 알아?

진   …내가 그런 거 알면서도 넌 나 만나잖아.

　　지하철은, 제가 가장 많이 눈물을 흘리는 장소인데
요. 그니까 사회생활하면서 되게 수시로 억울하고 힘든 일들이 많은
데, 그러면 저녁에 집에 오는 길에 그렇게 눈물이 나요. 그나마 저녁
시간에는 할머니 할아버지들이 많이 안 계시고, 젊은 사람들이 있으
니까. 울어도 아무도 안 쳐다보거든요. 사람들이 얼마나 관심이 없
는지… 당연히 노약자석에 사람이 없을 때가 제일 편하고. 사람들
시선 신경 안 쓰려고 이어폰 끼고 있을 때도 있고요. 가는 길에 해야
할 일이 있으면 일도 하고요. 그런데 저는 되게 익숙해지지 않는 것
같아요. 한편으로는 익숙해지는 것에 대해 경계심을 가져야 한다는
강박도 있고요.

　　근데 그 모든 게 그냥 마음 먹는다고 의지로만 되는 게 정말 아니

라서요. 제가 피곤하면 예민해진다는 걸 한 3년 전부터 알게 됐는데. 그러니까 내가 오늘은 어떤 일이 있어도 싸우지 말아야겠다, 하고 다짐을 해도 신체적으로 피곤하면 잘 안 돼요. 특히 강의하거나 동료상담 하면 심리상태가 되게 중요하거든요. 맨날 똑같은 상황에 놓이는 게 아니라서요. 그래서 마음을 평온하게 하기 위해서 주로 지하철 타고 명상이나 묵주기도를 하는 거예요. 그게 제가 만나는 사람에 대한 예의이기도 하고요. 또 제가 되게 감정적이고 감성적인 사람이어서, 그런 게 잘 안 될 때도 있거든요. **아무래도 삶에 익숙해지지는 않아요.** 사람들이 나를 쳐다보는 눈빛, 그게 사람들마다 눈빛이 다 다르니까요. 연기도 어떤 감정을 갖고 어떻게 바라보느냐에 따라서 달라지잖아요? 예민하게 보면 다 보여요. 지하철이든 길거리에서든 어딜 가나 마찬가지예요. 근데 익숙해지지 말아야 한다는 생각. 아, 몰라, 해버리면 직무유기 같은 생각이 들어서요. 당신이 그렇게 봐도 난 아니야, 상관없어, 이렇게 넘어갈 수도 있는데, 그렇게 넘기면 여기서 내가 당한 건 그렇다 쳐도 다음에 다른 사람은 어떡하라고? 장애와 사회 구조, 이런 걸 알고 있는 사람들은 다 그럴 거라고 생각해요.

◇ 〈알록달록 한 땀 한 땀〉은 2018년 '극단 애인의 3인 3색 이야기 시즌 3' 프로젝트에서 김지수 연출로 공연되었다. 이 프로젝트는 극단 애인 단원들이 직접 쓰고 연출한 단막극 세 편을 엮은 것으로, 2016년부터 시작했다.

2막

부술 수 있는 경계 앞에서

그런 순간들이 있다. 삶을 멈추거나 나아가게 하는 순간, 지나고 보니 어떤 전환점을 통과하고 있었던 순간. 지수 씨와 나는 연극 현장의 동료로, 장애연극의 창작자와 연구자로 처음 만났지만 그 사이 어딘가에서 무언가 조금 다른 세계가 열릴 것만 같은 순간이 찾아왔다.

지수 씨와 처음 인연을 맺은 공연의 연습이 한창이던 2019년 가을, 공연팀은 쉬는 시간 연습실에 둘러앉아 연극계 미투 운동과 관련한 이야기를 나누고 있었다. 성폭력 가해자들에 대한 이런저런 증언이 쏟아지던 중, 나는 분노를 참지 못하고 "와, 완전 정신병자네."라고 소리쳤다.

몇 초, 혹은 몇 분이 지났을까. 흥분이 조금 가라앉자 내가 무슨 소리를 내뱉은 건지 깨달음이 밀려왔다. 사람들이 여전히 대화를 이어가고 있었고, 나는 그 와중에 어떻게 잘못을 바로잡고 사과를 할 수 있을지 전전긍긍했다. 장애배우들과 연극을 만들면서, 족히 반년은 함께 시간을 보냈으면서, 이런 실수를 하다니. 창피했던 것 같기도 하고 체면이 말이 아니네, 하고 생각했던 것 같기도 하다.

의식적으로 주의를 기울이지 않으면 나도 모르게 튀어나오는 혐오와 차별, 그리고 폭력의 언어들이 있다. 그만큼 이 사회의 일상에서 아무렇지 않게 사용되어온 말들이다. 내가 말한 '정신병자'는 명백히 정신장애인을 비하하는 표현이다. 그 자체로도 이미 써서는 안 될 말인데, 심지어 성폭력을 저지른 범죄자를 빗대는 뜻으로 사용하다니!

이런 일은 일상에서 비일비재하게 일어난다. 무언가 바람직하지 않은 상황, 개선되어야 할 문제, 비난받아야 마땅할 사람을 장애와 장애인에 비유하는 경우가 얼마나 많은지 생각해보라. 그러한 비유가 아무런 제재 없이 작동하는 곳에서라면, 장애와 장애인은 계속 부정적으로 인식될 수밖에 없다.

이런 습관화된 언어폭력이 장애를 낙인화한다. 악순환이다. 그날의 나 또한 우물쭈물 어쩔 줄 몰라 하다가 결국 아무 일도 없었던 것처럼 다시 연습으로 돌아갔다. 어쩌면 아무도 눈치채지 못했을 거라고 스스로를 위로하면서. 하지만 그 일은 오랫동안 나를 괴롭혔다. 사과할 기회를 찾고 싶었지만 용기를 내지 못했고, 시간이 흐르면 흐를수록 더더욱 어떻게 해야 할지 알 수가 없었다.

지수 씨에게 뒤늦게 이 일을 사과했다. 지수 씨는 그날 일을 기억하고 있었고, 오히려 나를 위로했다.

"사람이 태어날 때부터 그런 걸 가지고 있진 않잖아요. 그래서 늘 잘 생각해야 하고요. 요즘은 감수성이라고 하죠. 그리고 그 감수성에 대해 반응하는 걸 감응성이라고 하는데, 그런 것도 다 공부하고 훈련해야 하는 것 같아요. 저도 시시때때로 그런 실수들을 해요. 그럴 때마다 깨치고 반성하는 거예요. 깨치지 못하고 넘어가는 때도 왜 없겠어요. 함께 노력해야 하는 부분이구나, 그런 생각 많이 해요. 저도 조심하겠습니다."

지수 씨의 말을 듣는데 어쩐지 마음이 놓였다. 마음을 놓는 내가 조금은 뻔뻔하게 느껴져서 낯이 뜨겁기도 했다. 사실, 진짜 뜨거운 건 얼굴이 아니라 마음이었을 것이다. 더듬거리며 용서를 구한 나에게 그가 돌려준 것은 더 큰 이해였다. 다른 존재를 인식하고 공감하려는 사려 깊은 그의 말들은 그야말로 어떤 **감응**의 순간을 열어주었다. 나는 여전히 부족하지만, 지수 씨와 함께라면 좀 더 괜찮은 사람이 될 수 있을 것 같았다. 집으로 돌아오는 길, 서로에게 책임을 다하면서도 상대를 취약한 상태로 남겨두지 않는 관계에 대해 생각했다. 지수 씨는 어떤 삶을 살아왔기에 내게 저런 응답을 해주었던 걸까.

그날 나는, 감히 이 책을 시작해볼 용기를 얻었다. 내가 보고 들은 지수 씨의 이야기를 써 내려갈 수도 있지 않을까, 그리고 그렇게 해서 더 많은 감응의 순간들을 만들어낼 수도 있지 않을까, 하고.

○

지수 씨에게 구술생애사 인터뷰를 요청했던 건, 그를 처음 만나고 두어 달가량 지났을 무렵이었다. 당시는 한창 움직임 워크숍을 진행하던 때로, 장애배우들은 각자의 고유한 표현 영역에 집중하면서도, 서로 다른 몸들 사이에서 어떻게 앙상블을 만들 수 있을지 탐색하고 있었다. 그땐 프로덕션 구성원 모두가 워크숍에 참여하는 것을 약속으로 정했던 터라, 드라마투르그였던 나도 얼떨결에 배우들 사이에 끌려 들어가 몸으로 만나는 낯선 세계에 적응하고 있었다.

생전 해본 적 없는 방식으로 몸을 쓰게 된 나는, 이전과는 다른 접근의 관찰을 시작했다. 상대방의 움직임 중 한 요소를 골라 나만의 방식으로 따라 해보기. 둘 혹은 셋이 몸의 한 부위를 맞댄 채 떨어지지 않고 즉흥으로 움직여보기. 자신의 움직임 속에 있는 누군가에게 다가가 서로 주고받은 자극으로부터 함께 새로운 움직임 만들어보기. 이런 과제들을 수행하다 보니, 거리를 두고 책상 앞에 앉아 있을 때와는 사뭇 다른 질문들이 생겨났다.

저마다의 고유성이란 어떻게 만들어지는 걸까. 몸에 새겨진 기억과 상상력은 어디서 겹쳐지고, 다른 존재와의 관계는 무엇에 영향을 받아 형성되는 걸까. 주고받는 호흡과 기운, 몸의 감각, 그 속에서 나는 다른 존재들이 지닌 예측할 수 없는 가능성을 실감하고 있었다.

내가 미처 다 헤아릴 수 없는 그 무수한 미지의 영역들을 알아갈수록, 나는 곧 마주하게 될 김지수라는 하나의 세계가 두려워졌다. 언젠가 지수 씨가, 비장애인이 언어장애가 있는 이들과 대화할 때 겪는 어려움에 대해 "처음엔 어떤 눈빛과 어떤 태도를 가지고, 어떻게 숨을 쉬면서 기다려야 하는지"조차 모를 수 있다고 얘기해서 격하게 공감하며 한참을 웃었는데, 아마 당시의 내가 꼭 그랬을 거다.

한편 구술생애사라는 인터뷰 방법론을 선택한 연구자로서 느끼는 두려움도 쉬이 떨쳐버릴 수가 없었다. 이 인터뷰는 듣고자 하는 것만 효율적으로 물어서 원하는 결론에 도달하는 공격적 작업과는 거리가 멀다. 하지만 그렇다고 상대방의 이야기를 기계적으로 듣고 기록하는 수동적 작업이라고 보기도 어렵다. **그것은 무엇보다도 나 역시 그가 살아온 바로 그 세계의 구성원임을 인식하는 일이다.** 한 개인의 구체적인 역사 속에 내가 어떻게 관계 맺고 있는지, 나의 위치성을 새롭게 고민하는 작업이다.

그러한 성찰을 위해 연구자는 자신의 관점과 앎의 지평을 확장해줄 철학을 성실히 세워나가야 한다. 그러나 책으로 쌓은 지식에 갇혀 있다가는 자신의 삶으로 기꺼이 나를 초대해준 누군가를, 자칫 내 삶과는 섞이지 않는 한낱 연구의 대상으로 치부해버리기 쉽다. 연구자라면 언제든 자신이 공부한 것을 의심하고 허무는 일에 익숙해져야 하는데, 과연 내가 다른 존재와 함께 그런 작업을 해낼 수 있을까. 그리고 그렇게 써서 세상에 내어놓은 이야기가 또 다른 누군가와 만났을 때, 지수 씨가 내게 준 것과 같은 감응의 순간을 만들어낼 수 있을까.

○

이것은 지수 씨가 세상으로 나온 이야기다. 사람들을 만나고, 어떤 집단에 소속되고, 누군가와는 좀 더 깊고 내밀한 교류를 하는 사이, 내게는 너무나 자연스럽게 열려 있었던 세상, 그래서 그것이 당연한 줄로만 알았던 세상으로.

그리하여, 이 이야기는 다른 존재의 관점으로 세상을 재구성하는 낯선 길로 우리를 안내한다. 몸의 특정한 상태가 아닌 사회적이고 문화적인 구성물로서의 장애를 다시 한번 확인시킨다. 그리고 무엇보다도 지수 씨에게 장애란 어떤 의미인지, 어떻게 그가 장애에 관한 농담들을 체현하며 살아왔는지를 보여준다.

딸만 일곱인 집에서 막내로 태어난 지수 씨는 생후 6개월 때 소아마비에 걸렸다. 그는 1972년생으로 소아마비 마지막 세대*이기도 하고, 다른 소아마비 장애인들에 비해 척추 장애가 진행형인 탓에 어릴 때부터 종종 "저주받은 소아마비" 소리를 들었다고 한다. 초등학교 취학 통지서가 나왔을 때 어머니가 그를 업고 학교에 갔지만, 학교에서는 누군가가 데리고 다니면서 돌봐줄 수 없으면 입학을 거부하겠다고 통보했다. 그러다 보니 학교

* 소아마비는 폴리오 바이러스에 신경계가 감염돼 몸에 마비를 남기는 질환으로, 국내에 처음 백신이 보급된 것은 1960년대 말이다. 이후 1970년대부터 소아마비 장애인 수는 급격히 줄어 지난 2000년, 세계보건기구WHO는 한국에서 소아마비가 박멸되었다고 선언했다.

에 가지 못하고 열여덟 살 때까지 집에서만 생활했는데, 넉넉지 않은 집안 형편 때문에 가족들이 뿔뿔이 흩어져 사는 동안 여러 언니네 집을 전전하며 십 대 시절을 보냈다.

파주에서 치킨집을 하셨던 어머니는 동네 또래 아이들을 불러서, 당시만 해도 귀했던 치킨을 튀겨주시며 아이들이 지수 씨와 함께 놀도록 해주셨다. 어머니는 늘 살가운 분은 아니었다. 당신 인생이 힘드셨기 때문일 거다. 하지만 어머니 자신이 독실한 불교 신자면서도 지수 씨는 사회생활을 할 수 있도록 교회에 보내주셨고, 비 오는 날이면 비를 좋아하는 지수 씨가 가게 앞 들마루에 나가 앉아 시간을 보낼 수 있게 하셨다. 집 앞 버스정류장에는 한 시간에 한 대씩, 매시 40분에 버스가 왔는데, 거기서 동네 사람들이 읍내에 나갔다 돌아오는 걸 바라보는 게 지수 씨의 일상이었다.

지수 씨는 식구들이 자신을 창피해하지 않았다는 것에 고마움을 표하면서도, 어린 시절 "잊혀지지 않는 사건"이라는 표현으로, 평소 호인이셨던 아버지가 약주를 많이 드시면 소리를 지르시고 화를 내셨던 일을 떠올렸다. 그럴 때면 다른 가족들은 지수 씨를 홀로 집에 남겨두고 아버지를 피해 밖으로 나가 버렸는데, 그런 일을 여러 차례 겪으면서 "장애를 가진 정체성" 같은 게 생겼다고 했다. 어떤 어려운 순간이 닥쳤을 때 아무도 자신을 보호해줄 수 없다는 생각이 그에게 뿌리 깊이 박혔다는 이야기였다.

어머니도 아버지도, 가난하고 어려운 가정을 이끌면서 겪었을 고난과 좌절을 생각하면 한 인간으로서 두 분을 이해하지 못하는 것은 아니다. 그래도 언젠가는 아버지한테 어릴 적 일을 다시 물어보고 싶었는데, 그러니까 한 번쯤은 아버지의 말로 그때 일을 듣고 싶었는데, 아버지가 일찍 치매에 걸리셔서 기회가 없었다. 무서워서 울지도 못했던 어린 시절의 기억과 성장하면서 아버지를 이해하기 위해 애썼던 마음. 지수 씨는 집을 나와 혼자 살게 되어서야 비로소, 자신에게 몸에 밴 밝음이 있었을지언정, 내면 깊숙이 숨길 수 없는 슬픔이 있었다는 걸 알게 되었다고 말한다.

●

　　그러다가 열여덟 살이 됐어요. 어느 날 치킨집 방에 이렇게 있는데, 근처에 특수학교가 있었거든요. 발달장애인들을 위한 학교였는데 거기 선생님들이 저희 집 치킨을 많이 튀겨가셨어요. 근데 그날 어떤 선생님이 오더니, 지수도 저렇게 집에만 두면 안 되지 않겠냐, 우리 학교에라도 보내라, 이런 얘기를 하시는 거예요. 그땐 별로 신경 안 썼거든요. 거기는 비발달장애인이 아무도 없었고, 나이도 이미 좀 있었기 때문에 지금 거기 가서 뭐하나, 싶었던 거죠. 근데 며칠 뒤에 그 선생님이 다시 오시더니, 아유, 안타깝게도 지수는 이제 나이가 많아서 우리 학교에 들어올 수가 없어요, 그러시는 거예요.

　그 말을 딱 듣는 순간, 아, 집에서 이러고 있으면 안 되겠구나. 엄마가 항상 우리 착한 지수, 착한 지수, 이래서 내가 슬프고 속상한 걸 말하지 않는 게 착한 거라고 생각하고, 그게 당연하다고 생각했는데. 나이가 많아서 학교를 못 간다는 말을 딱 들으니, 아, 이렇게 있는 게 착한 게 아니구나, 싶었던 거죠. 그래서 제가 정말로 거짓말 안 하고 그 얘기를 들은 그날 저녁에 이런 생각을 하고, 그 다음 날 집을 나가겠다고 한 거예요. 엄마가 왜 그러냐고, 어딜 가겠냐고 하는데, 그때 막 눈물이 났죠. 내가 여태까지 아무것도 못 하고 이렇게까지 있었으니 어디든 나를 내보내 달라. 그래 가지고 사흘 만에 집에서 나왔어요. 가족들이 다 깜짝 놀랐죠. 반응은 두 가지였어요. 쟤가 왜 저러는지 모르겠다, 그리고, 나이가 있으니 집에만 이렇게 놔둘 수는 없지 않겠느냐.

　제가 집을 떠나는 날 되게 만감이 교차했는데, 어머니가 방에서 나오지도 못하고 우시는 거예요. 나에게 조금도, 무엇도 맞춰져 있지 않은 가족들과… 그러니까 물리적인 상황들, 그땐 그게 물리적인 것 때문이라고 생각도 못 했지만. 혼자서 오줌 하나 제대로 못 누고, 씻는 거 한번 내가 씻고 싶을 때 마음대로 씻어보지 못하고, 양치질 한번 하고 싶을 때 못해보고 이렇게 살았던 집에서 나는 너무나 답답했는데, 가족들은 나간다는 내가 어떻게 살았는지는 생각을 안 하니까 그런 거에 대한 서러움이 있었고. 그것 때문에 엄마가 막 우시는데, 엄마가 나 때문에 다시는 울게 하지 말아야지, 그 생각을 했어요. 그러고 나서 집에 한 번도 안 갔어요, 진짜. 가족들하고 같이 안 살았어요.

○

그렇게 집을 나온 지수 씨는 1년간 직업재활학교
에 다니다가 열아홉 살이 되던 해 특수학교에서 중학교 과정을
시작하게 된다. 당시엔 제때 학교에 가지 못한 장애인들이 많았
기 때문에 서로 다른 장애 유형의 다양한 연령대 사람들이 1학년
학급에 모여 있었다.

지수 씨는 아무래도 나이가 있다 보니 학교가 어떻게 돌아가
는지를 훤히 알 수 있었다고 한다. 특수학교임에도 불구하고 학
교에는 장애 유형에 따른 차별이 비일비재했고, 교사들은 장애가
경증인 학생들에게는 잘해주면서 그렇지 않은 학생들은 별것 아
닌 것처럼 대했다. 그리고 한편으로는 끊임없이 행사 같은 것들
을 준비하면서, "어항 속 물고기"처럼 학생들을 길들였다. 지수
씨가 생각하기에 그런 일들은 사회를 가르치는 교육이 아니었기
에, 더 이상 그렇게는 고등학교 과정을 다니고 싶지 않았다. 학교
에서는 진학을 권유했지만, 그는 도서관에 다니면서 혼자 공부해
검정고시를 볼 요량이었다.

당시 학교에는 엘리베이터가 없었는데, 척추가 휘고 힘이 없었
던 지수 씨는 수동 휠체어를 타고 가파른 경사로를 오르내리면서
결국 늑막염에 걸리고 말았다. 때는 중학교 3학년 겨울방학이었
고, 간신히 졸업식에 참석한 후 한동안 병원 생활을 하다가 마침
내 검정고시를 시작했다. 좁은 교실에 200명씩 모여서 수업을 듣
던 수도학원에는 장애인 화장실이 없어서, 학원에 다니는 1년 여

의 기간 내내 한 번도 화장실에 갈 수 없었다. 그땐 같이 공부하던 친구들과 맛있는 걸 먹으러 다니지 못하는 게 가장 괴로웠다. 이 얘기를 하던 지수 씨는 그 친구들이 자신을 얼마나 불쌍하게 생각했겠냐며 짐짓 웃어보였다.

집이나 학교, 학원, 그리고 앞으로 계속 반복해서 이야기하게 되겠지만 일터며 연습실, 극장, 지수 씨가 어디를 가든 접근성의 문제는 언제나 그를 따라다녔다. 우리가 함께 연극을 만드는 동안 대관했던 연습실에도 장애인 화장실은 없었다. 그는 쉬는 시간마다 화장실을 찾아 근처 건물을 배회하거나 가까운 지하철역을 왔다 갔다 했다. 연습이 끝나면 인사 나눌 틈도 없이 화장실로 달려가야 했던 지수 씨를, 나는 얼마나 자주 아쉬워했는지 모른다.

●

정말 희한하죠. 검정고시 합격증을 찾으러 갔어요, 마지막으로. 그걸 받아서 동료들하고 근처 커피숍에 갔는데, 거기 사장님이 저한테 소식지 하나를 주시더라고요. 장애인들이 외출할 때 자원봉사자들이 차를 가지고 도와주는 단체가 있으니까, 한벗회라고, 외출하고 싶을 때 여기로 전화하면 된다고. 근데 그 소식지를 보니까 거기 장애인 문학교실 프로그램이 있는 거예요. 제가 어릴 때부터 집에 있으면 시 베껴 쓰고 외우고 그런 게 낙이었거든요. 그래서 그 문학교실을 신청해서 갔죠. 가자마자 첫째 날, 선생님이 그러더라고요. 한벗회에서 전화로, 장애인과 봉사자를 연결해주는 일을 할 간사를 뽑는다고요. 장애인 당사자면 좋겠다, 물론 그땐 당사자라는 말도 없었지만, 그러니까 장애인이 와서 했으면 좋겠다고. 제가 하겠다고 했어요.

그 사무실이 마포에 있었는데 어느 한정식집에 방 한 칸을 얻어서 사용하는 식이었거든요. 다른 직원들은 다 출퇴근하는데, 저는 거기서 먹고 자고 하면서 일했어요. 근데 거기 벌레가 너무 많아서, 저 사실 벌레 공포가 있거든요. 한 마리만 있으면 잡아먹혀 죽을 것 같은데. 그래서 한 1년 넘게 휠체어에서 잤어요. 그때 몸이 너무 많이 상했죠. 한정식집 사장님한테 눈칫밥도 먹고, 밤에 혼자 있는 것도 무서웠고. 지금 생각하면 어떻게 그렇게 있었는지 모르겠는데. 개인적인 생활은 힘들었지만 일을 한다는 게 좋기도 했고. 제가 그때 전화번호 한 100개 이상은 외웠어요. 그때 박경석 교장 선생님, 박김영희 대표님, 이런 1세대 운동가들을 알게 됐죠.

장애인들이 외출을 한다는 건 뭘 하려고 하는 거잖아요. 학교에 가든지, 친구를 만나러 가든지, 회의에 가든지, 야학에 가든지. 그래서 제가 본의 아니게 이용자분들이 뭘 하고 사는지를 알게 되는 거예요. 그렇게 친해진 분들하고 밤에 이런저런 얘기하면서 통화도 하고. 그런 시간들이 저한테 되게 중요했어요. 위로도 많이 받고, 이게 동질감이라는 건가 싶으면서도 다른 삶이 있다는 것도 알게 되고요. 그리고 그때 장애인편의시설촉진시민연대 이런 단체들이 막 생겨나던 때였거든요. 그래서 편의시설을 고려하지 않은 곳에서 살아가는 삶에 대해 조금씩 생각하게 된 거예요. 여기저기서 얘기를 듣고 알아보니, 내가 거기 그렇게 있을 게 아니라는 생각이 들었죠.

결정적으로 척추가 많이 아팠어요. 누워 있지를 못했으니까. 그래서 병원에 갔더니 수술을 하자더라고요. 의사들은 정말… 최악의 경우를 말하니까. 죽는다고 하는 거죠. 오래 못 산다는 거예요. 그래서 수술을 해야 한다, 근데 비용을 물어봤더니 2천만 원씩 두 번은 해야 하고, 한 번 하고 몇 년 있다가 한 번 더 해야 하고. 그러면 그동안에 누가 계속 저를 돌봐줘야 하는 거잖아요. 가족들은 계속, 하라고 하는데 저는 정말 하기 싫었어요. 그래서 제가, 하, 되게 건방지지만, 짧고 굵게 살 테니 수술 안 하고, 나 수술시킬 돈으로 방을 얻어주세요, 했죠. 그렇게 대학로에 방을 얻어서 처음으로 혼자 살기 시작했어요. 그때가 98년쯤?

그래서 진짜 자립생활이 시작됐죠. 그때 제가 가족들한테 20만 원씩 생활비를 석 달만 줘라, 그 안에 내가 직장을 구하든 뭐든 할 테니까, 그렇게 얘기했어요. 일단은 한벗회를 그만두면서 거기서 그간 고생했다고 전별금을 주셨거든요. 그때 돈으로 200만 원 정도 됐어요. 그래서 제가 자립하고 가장 먼저 한 일이 MBC드라마작가 학원을 등록한 거였어요. 그 전별금으로 3개월인가 4개월 과정을 등록했죠. 당시 서울 시내에 휠체어 리프트가 있는 지하철역이 네 개밖에 없었거든요? 그중에 잠실종합운동장하고 혜화가 있었는데, 그래서 집을 대학로에 얻었고, 학원은 종합운동장역 근처였죠.

언젠가는 작가가 돼야지, 이런 생각 했었거든요. 십 대 때도 시를 많이 베껴 썼지만, 장애인들의 시는 다 착한 시고, 이런 것들이 정말 너무 싫었어요. 그리고 사실 TV나 이런 데서는 장애인을 그리는 방식이 정해져 있잖아요. 장애 때문에 사랑도 못 하고 늘 동정과 연민의 대상이고, 존재 자체도 항상 무기력하고 나약하게 나오는데 그게 되게 싫었어요. 그래서 다른 이야기를 쓰고 싶었는데, 글 쓰는 건 정말 너무 재미있고 더 배우고 싶었지만, 생활비를 약속한 3개월이 다가왔던 거죠. 돈을 벌어야 했는데, 마침 한 지인이 연락을 주셔서 어찌어찌 제가 보험 회사에 들어갔어요.

그때는 보험 하는 사람들 다 싫어했어요. 근데 저는 거기서 배운 게 되게 많았거든요. 어쨌든 영업사원이었기 때문에, 깔끔한 자기관리, 신뢰감을 주는 여러 가지 방법, 이런 것들을 배웠고. 수동 휠체어를 타고는 아무래도 영업을 하기 힘드니까, 지인들 있는 자리에 가서 제가 취직을 해야 되겠고, 전동 휠체어를 사야 되겠습니다, 했더니 사람들이 진짜 만 원, 이만 원, 십시일반 보태주셔서 중고로 전동 휠체어를 사게 됐어요. 그리고 장애인 중에는 보험 하는 사람들이 별로 없어서, 특히 한벗회에는 운전하는 분들이 많이 계시잖아요. 여기서 일했던 김지수 간사가 생활설계사 일을 한다, 여기 가입하면 일부를 후원금으로 준다, 이러면서 가입을 많이 해주셨죠.

그거 하면서 돈을 제일 많이 벌었어요. 어머니한테 옷도 사드리고, 조카들한테 선물도 사주고, 밥값도 내가 내고, 그런 게 정말 좋더라고요. 그리고 대학로에 사니까 혼자서 갈 수 있는 술집. 블루 하와이라고, 제가 잊어버리지도 않아요(웃음). 거기 가서 혼자 맥

주도 마시고요. 전동 휠체어 산 날 바로 산 게 또 하나 있는데, 우산이었어요. 비 오는 날 혼자 나갈 수 있다는 거. 그래서 그때는 비 오는 날 아침이면 일찍 나가서 창경궁 돌담길에 가기도 했고. 전동 휠체어는 그야말로 자유였죠. **한번도 느껴보지 못한 자유.** 그거 접히지도 않는데, 영업할 때는 택시 잡아서 아저씨 저 좀 태워주세요, 그러면 아저씨가 안아서 태워주고, 지나가는 사람들이 전동 휠체어 실어주고. 그렇게 무서운지 모르고 지냈어요.

○

지수 씨는 여기서 "자립생활"이라는 표현을 썼는데, 사실 그때는 자립생활운동* 개념이 막 국내에 소개되었던 시기다. 나중에 지수 씨에게 어떻게 혼자서 그런 생활을 시작할 수 있었는지 물어보니, 그는 가족들과의 지긋지긋한 관계가 싫었기 때문에, 그게 자신을 자립적으로 만들었을 거라고 대답했다. 오롯이

* 장애인자립생활운동Independent Living은 중증 장애인이 자기결정권을 가지고 지역 사회에서 자립적으로 살아갈 수 있는 사회적 환경과 서비스를 구축하기 위한 운동이다. 1960년대 말 미국에서 시작되었고, 한국에 처음 이 개념이 소개된 것은 1997년 서울 국제 장애인 학술대회에서다. 이후 1998년 전일본자립생활센터협의회와의 교류를 통해 관련 세미나와 연수 프로그램이 진행되었고, 2000년에는 한국 최초의 자립생활센터가 설립되었으며, 2001년 한국자립생활네트워크가 만들어지면서 비로소 자립생활운동 담론이 대중화되기 시작했다. 김도현, 《차별에 저항하라》, 박종철출판사, 2007 참조.

나라는 존재로만 사람들을 만나고 관계를 만들어가는 경험의 즐거움이 컸다고. 자립했을 때 일기를 찾아보니 어떻게 먹고 살지, 하는 두려움도 엿보였지만, 그보다 더 눈에 띈 건 지금은 이름도 잘 기억나지 않는 많고 많은 사람들과 만난 기록이었다. 그는 그 일기를 보면서 자기 내면에 언제나 그런 욕구가 있었을 텐데, 십대 시절 가족들하고 살면서 얼마나 답답했을까, 하는 생각이 들었다고 했다.

생활설계사 일은 2~3년 하다가 회의가 들어 그만두었다. 같이 일하던 비장애인 동기들이 돈을 많이 벌어 유흥에 탕진하고, 그렇게 놀면서 만난 사람들에게 비싼 보험을 들게 하는 행태를 보며 깊은 괴리감을 느꼈다. 한편으로는 돈을 벌어 혼자 잘 쓰고 산다는 게 장애를 가진 사람으로서 직무유기처럼 느껴졌다고 했다. 조금 더 장애와 관련된 일, 가치 있는 일을 해야 하지 않나, 생각했다. 그 이후 지수 씨는 장애 단체에서 일을 하기도 하고, 쉬는 동안은 드라마 대본을 써서 공모에 내기도 하면서 자기 삶을 꾸려나갔다.

온갖 일들을 전전하는 중 한동안은 재택근무로 홈쇼핑 상담원 일을 했는데, 그 전화 업무의 스트레스는 정말 어마어마한 것이었다. 회사에서는 장애인들을 재택근무로 배치하는 대신 전화가 많이 오는 시간을 담당하도록 했다. 홈쇼핑 방송은 24시간 돌아갔고, 근무시간은 매일 달라졌다. 한 시간 일하고 다섯 시간 있다가 세 시간 일하는 식으로 하루 여덟에서 열 시간을 꼬박 전화에 매달려 있었다.

게다가 일을 시작하고 얼마 안 있어 그야말로 "영혼이 피폐해지는 기분"이 들었다고 한다. 장애를 갖고 있다는 이유만으로 누군가가 과도한 친절을 베푸는 것이 불편해서, 자신도 다른 이들에게 그런 식으로 행동하지 않았는데, 혹은 무관심이나 차별 때문에 속상하고 서러웠던 적이 많았는데, 이 일은 소비자 응대라는 명목으로 무작정 자신을 낮추길 요구했다. 당시는 이미 연극을 시작했던 때라, 극단 운영을 위해서라도 돈을 벌어야 했기에 쉽게 일을 그만둘 수도 없었다.

그때 가게 되었던 곳이 바로 서울장애인자립생활센터다. 그는 이곳에서 본격적으로 자립생활운동을 배우고 동료상담을 하면서 장애인의 삶을 더 알아나갔다. 동료상담은 지수 씨가 연극 말고 가장 좋아하는 활동으로, 그는 한편으로 좋은 연극을 만들기 위해 동료상담을 하는 것 같다고 말한다. 또한, 센터를 그만둔 지금까지도 오랫동안 프리랜서로 동료상담을 해온 지수 씨에게 이 일은 일종의 생업으로서 의미를 갖는다.

그럼에도 불구하고 지수 씨는 자립생활센터에서의 경험을 통해 자본주의 사회의 '효율성'에 대해 이런저런 생각을 하게 되었다고 말한다. 애초에 장애인 주도로 만들어진 센터들이 지원을 받고 규모가 커지면서, 장애인들이 오히려 주변으로 밀려나는 현상을 목격하게 되었기 때문이다.

○

　　지수 씨가 구성한 자신의 생애는, 그가 가족과 학교, 일터에서의 경험을 토대로 자기 정체성을 찾아가고 이 사회에서 장애인으로 살아간다는 것의 의미를 체득해갔던 크고 작은 일들로 채워져 있다.

　　이 이야기를 들을 당시만 하더라도 나는 그가 얼마나 용감하게 세상으로 나왔는지, 그 모든 삶의 이야기에 그저 막연한 경외감을 가졌던 것 같다. 지수 씨가 눈물을 흘릴 때면 조용히 같이 우는 것 말고는 할 수 있는 일이 없어 무력감도 느꼈다. 나는 겪지 않았지만 그는 부딪혀야 했던 온갖 사회적 부조리에 직면해서는, 도무지 어떻게 반응하면 좋을지 몰라 허둥대기도 했다. 그렇게 막연함과 무력감, 허둥댐의 시간을 통과해가면서 나는 비장애인으로서 살아온 내 삶을 성찰하기 시작했다.

　　그의 구술이 거의 끝나갈 무렵, 나는 동료상담이 지수 씨에게 어떤 의미인지 조금 더 자세한 설명을 부탁했다. 그는 동료상담을 통해 장애가 있는 이들의 다양한 삶을 알아가는 기쁨을 이야기하면서, 어린 시절 재활원에서 다른 장애인들을 처음 만났던 경험을 들려주었다. 이 이야기는 지금의 비장애중심적 사회 통념 안에서 우리가 장애인을 처음 볼 때 갖게 되는 인상과 감정을 너무나 솔직하게 드러낸다.

열두 살 때인가 삼육재활원에 갔어요. 그때도 척추 수술 때문에 갔는데, 당시는 의술이 그렇게까지 발전되지 못했던 때라, 마취를 못 한다고 하더라고요. 마취에서 깨어나기가 어렵다고요. 거기서도 다 하고 싶어 했고 하라고 했는데, 여러 가지 검사를 받아본 결과 수술을 못 하게 된 거죠. 근데 재활원에 가니까 정말 다양한 장애 유형의 사람들이 있는 거예요. 저는 처음으로 나 아닌 장애인을 보게 됐죠. 사실 진짜 충격이었어요. 근데 그 사람들, 진짜 중증의 뇌병변장애인이나 여러 다양한 유형의 중증 장애인들을 처음 만났는데, 충격이었어요.

충격이었는데, 그때 두 가지 감정. 그 왠지 모를 연민이 너무나 많이 생겼고 또 한편, 아, 다른 사람들도 나를 보면은 이런 생각을 하겠구나, 이런 느낌이겠구나, 이런 생각이 되게 들었어요. 며칠 동안 그 잔상이 잊혀지지가 않았어요. 거기서 만난 사람들이. 거기서 검사받는 동안 만난 친구랑 펜팔을 한 10년 정도 했는데, 지금은 연락 끊겼지만. 그러면서 장애를 갖고 있는 사람들을 처음 봤을 때 외형적인 모습에서 느껴지는 감정들은 어떤 건지, 직접 만나서 사귀고 얘기해보는 건 어떤 건지, 이런 생각을 되게 많이 하게 됐던 것 같아요.

○

지수 씨의 입에서 말들이 막 쏟아져 나오던 그 순간부터, 그 말을 옮겨 적는 지금까지도 그 한 마디, 한 마디는 여전히 너무나 강력한 힘으로 나를 사로잡는다. 열두 살 때 처음 다른 장애인을 만났다는 지수 씨의 이야기는, 그만큼 지수 씨도 다른 장애인들도 학교나 일터, 지역사회에서 어울려 살아가지 못했던 당대의 현실을 실감케 한다. 지금이라고 크게 달라졌을까. 장애인을 만나면 어디에 시선을 둬야 할지 몰라 안절부절못하고, 너무나 일상적인 의사소통에서조차 무례를 범하는 것도 결국 다 우리가 동료 시민으로 함께 살아본 경험이 없기 때문 아닌가.

지수 씨는 충격과 연민이라는 말로 그때의 감정을 표현했다. 지금은 기억나지 않지만 언젠가 나도 처음 장애인을 봤을 때 느꼈을 감정들, 정치적 올바름이라는 개념을 알고 나서야 비로소 의식적으로 지우려 노력했던 감정들. 그러나 지수 씨는 자발적이고 적극적인 행위를 통해 그 감정들의 실체를 심문했다. 장애인 친구와 관계 맺는 경험을 통해, 바로 그 충격과 연민이 장애에 대한 사회적 편견의 부산물이었다는 사실을 자각했다.

이 일화는 지수 씨가 어떻게 우리 사회의 비장애중심주의를 헤쳐왔는지를 보여준다. 그리고 이것은 그가 장애를 극복했다거나 하는 식의 감동 포르노*를 생산하는 서사가 결코 아니다. 지수 씨

의 이야기는, **자기 뜻
대로 자신이 원하는 삶
을 살고 싶었던 한 인간
이 부딪칠 수밖에 없었던
현실의 불합리한 조건들
을 드러낸다.** 나는 세상
에서 삭제되어 있던 그
이야기들을 기입해야
했다.

* 감동 포르노Inspirational Porn는 호주의
코미디언이자 장애운동가인 스텔라 영Stella
Young이 고안해낸 표현으로, 감상성이나 연민에
기대어 도덕적 메시지를 전달하는 방식으로
장애인을 재현하는 모든 매체 콘텐츠에 대한
비판을 담고 있다. 그는 2014년 TED 강연을
통해 이러한 재현들이 비장애인의 이익을 위해
장애인을 대상화한다는 점에서 '포르노'라는
표현을 의도적으로 선택했다고 밝힌 바
있다. 이러한 재현은 근본적으로 장애를
나쁜 것Bad Thing으로 치부하고, 그것을 보는
비장애인들에게 그들이 장애인이 아니라는
것을 깨닫게 함으로써 쾌락과 만족감을
제공한다.

블라디미르　당근 맛이 좋으냐?

에스트라공　달콤하다.

블라디미르　잘됐구나. 잘됐어. (사이) 그래 뭐가 알고 싶었냐?

에스트라공　생각이 안 난다. (씹어 먹는다) 그래서 지랄이라니까. (그는 즐거운 듯 당근을 들여다보더니 허공에서 손가락 끝으로 돌려본다) 당근 맛이 좋은데. (그는 당근 끝을 음미하듯 빨아본다) 가만 있어. 이제 생각났다. (한입 깨문다)

블라디미르　그래 뭐냐?

에스트라공　(당근을 입안에 가득 물고 건성으로 묻듯이) 우린 꽁꽁 묶여 있는 게 아닐까?

블라디미르　그게 도대체 무슨 소리냐?

에스트라공　(씹어 삼킨다) 우린 꽁꽁 묶여 있는 게 아니냔 말이다.

블라디미르　묶여 있다구?

에스트라공　그래. 묶-여-있단 말이야.

블라디미르　묶여 있다니 어떻게?

에스트라공　수족이 다.

블라디미르　도대체 묶긴 누가 묶고, 누구에게 묶여 있다는 거야?

에스트라공　네가 말하는 그 작자에게.

블라디미르　고도에게? 고도에게 묶여 있다구? 무슨 소리야? 무슨 뚱딴지 같은 소리야? (사이) 아직은 안 그렇다.

처음 구술하면서도 제가 어린 시절 얘기할 때 울었

던 것 같은데요. 가족들… 얘기하면 별로 서운하거나 이런 건 없지만, 어린 시절이라고 얘기하면, 음… 좋았던 기억이 별로 없는 건 사실인 것 같아요. 최근에 어떤 워크숍을 하면서 어린 시절에 자기가 했던 걸 생각해보면서 움직이는 시간이 있었는데, 아… 그게 그렇게 힘들더라고요. 생각해보니까… 매일 혼자 있었던 시간이 너무 많았어서… 저희가 <고도를 기다리며> 할 때도 그 작품의 의미에 대해서 여러 이야기를 나누었는데, 제 인생에 있어서 기다린다는 게, 되게… 그런 시간을 많이 보낸 것 같아요. 어린 시절에, 눈을 뜨면 장사 나간 엄마를 기다리고 학교 간 언니를 기다리고 농장 일 하러 간 아버지를 기다리고. 와봤자 별것도 없는데. 생각해보니까 맨날 방에서 혼자 라디오 듣고.

지금도 그렇게 성격이 좋은 건 아니지만(웃음), 집에만 있다가 사회생활을 했으니까 사회도 잘 모르고, 아마 되게 소심하고 까칠하고 그랬겠죠. 지금보다 더. 요즘 생각해보니까, 음… 어린 시절의 영향을 안 받을 수는 없는데 분명히. 그렇다고 해서 어린 시절에 묶여서 살진 말아야지, 늘 그런 생각을 했었고. 어린 시절에 받은 상처 때문에 뭐, 지금, 사람들과 지내면서 어떤 게, 나도 모르게 발현되는 순간들이 없다고 할 수는 없겠지만. 그런 것에 얽매이면서 삶을 살지는 말아야지… 아마 그런 생각 때문에 어쨌든 제 마음속을 잘 들여다보고 그러려고 노력하면서 살았던 것 같은데요. 요즘 이렇게 뒤돌아보니까, 그래도 어린 시절에 제가 겪었던 것들이 내면에 아주 많이 남아있구나, 그런 생각이 되게 들었어요.

◇ 〈고도를 기다리며〉는 2009년 첫 워크숍
공연을 시작으로, 극단 애인이 창단
이래 가장 여러 차례 무대에 올린
연극이다.

3막

조금 다른 세계가 열릴 것만 같은

응시

나는 언제부턴가, 명사형의 '연극'이나 '연극인'이 아닌, 동사형의 **연극하다**로 지수 씨를 떠올린다. 그가 항상 자신을 "연극하는 김지수"라고 소개해서 그런 걸까.

그에게 연극하기란, 삶을 적극적으로 드러내는 일이었고, 이를 통해 독창적인 예술가의 지위를 획득해가는 일이었다. 그러니 당연히, 지수 씨가 연극을 해온 과정은 매끄러운 성장의 서사일 수 없다. 그것은 그가 어떤 응시(들)를 받아내고, 또 어떤 응시(들)를 만들어가고자 한, 부단한 생성의 순간들로 채워져 있다.

○

지수 씨가 연극을 시작하게 된 사연은 이렇다. 2003년, 하던 일을 그만두고 집에서 지내고 있을 때, 한벗회에서 장애인들의 연극 관람 행사를 도와줬던 자원봉사자가 장애인 극단을 같이 해보지 않겠냐고 연락을 해왔다. 연극을 하게 되리라고는 꿈에도 생각해본 적이 없었지만, 글을 써서 연극을 올릴 수 있겠다는 생각이 들어 마음이 동했다.

물론 현실은 그리 녹록지 않았던 것 같다. 지수 씨는 국내 최초로 창단한 장애인 극단이 자리를 잡아가던 초창기 시절, 누구도 가르쳐준 적 없는 기획 일을 맡아서 했다. 그 와중에 작가와 배우를 겸했는데, 그러면서도 어떻게 해야 제대로 연극을 하는 것인지 도무지 확신이 서지 않았다고 한다.

주인공으로 처음 무대에 올랐던 것도 글을 쓰고 싶어서였다. 당시 지수 씨는 신촌에 있던 시나리오 작가 학원에 다니고 싶었는데 등록금이 없었다. 마침 극단에서 지원금을 받아 공연을 올리게 됐다며 주인공 역을 맡아달라고 전화가 왔다. 얼마를 줄 수 있는지 물었다. 정확히 학원에 등록할 수 있는 돈이었다.

공연이 막 끝났을 때만 해도 지수 씨는 연기를 너무 못했다는 자책감에 괴로워하고 있었다. 하지만 커튼콜 조명이 켜지고 쏟아지던 사람들의 시선과 박수. 그 따뜻했던 느낌을 그는 지금도 기억한다. 그건 살면서 한번도 받아보지 못한 격려였다. 스스로 만족할 만큼 연기를 잘해내고 그런 박수를 받으면 온전한 행복

감과 자신감을 얻을 수 있을 것 같았다.

그 이후, 연극을 같이 해보자고 처음 제안했던 동료가, 지수 씨에게 직접 극단을 만들어보면 어떻겠냐며 응원의 뜻을 밝혀 왔다. 이미 자신의 극단을 운영하고 있던 그의 지지를 받으면 전문가들과 공부도 하고, 연기에 대한 고민도 계속 이어나갈 수 있을 것 같았다.

그래서 어떻게 했냐고? 극단을 창단하기로 결심한 지수 씨는 장애인 국토 종단 여행을 떠났다. '정말로' 연기 잘하는 배우들을 찾기 위해서!

●

극단을 만들 생각을 하고 전 세계 11개국에서 모인 장애인들이 서울 경기 지역을 6박 7일 동안 걷는 국토 종단을 간 거예요. 일부러 마음을 먹고. 하하하. (-사람들 찾으려고요?)

제가 경험한 바에 의하면 **무대를 좋아하는 것보다 연습하는 지난한 시간을 견디는 게 되게 중요했거든요.** 그걸 하려면 인내심이 있어야 하는 거죠. 국토 종단을 시작한 날하고 끝나는 날 청계광장에서 다 같이 모이는데, 몇 개 조로 뿔뿔이 흩어져서 다른 도시를 걷다가 만났으니 얼마나 기쁘겠어요. 근데 처음 만났던 날과 마지막 만났던 날의 모습이 같은 사람들이 있었어요. 음, 이 친구들 정도면 괜찮겠다. 그래서 일단 왔어요. 그땐 말도 안 하고. 그냥 연락처만 알고 왔죠.

그러고 나서 한 달 정도 있다가? 제가 전화를 했어요. 혹시 연극 해볼 생각 있냐고. (- 갑자기? 한 달 후에 전화해서요?) (웃음) 나 알죠? 내가, 극단을 하나 만들어볼까 하는데 같이 한번 해볼래요, 이래 가지고 만난 거예요.

○

지수 씨에게는 연습하는 지난한 시간을 함께 견딜 사람들이 필요했다. 그저 연기를 잘하는 이를 찾고 싶었다면 오디션을 봐서 배우를 선발하는, 보다 확실하고 안전한 방법을 택했을 것이다. 단지 연극에 관심 있는 사람들을 모을 생각이었다면, 단원 모집 공고를 내거나 친분이 있는 주변 사람들을 수소문하는 편이 훨씬 수월했을지도 모른다.

하지만 지수 씨는 장애를 가진 배우가 무대에서 관객을 만난다는 것이 어떤 의미인지 이미 알고 있었다. 지수 씨는 아마도 그 의미를 더 넓고 깊게, 더 오래 같이 탐색해나갈 동료들을 만나고 싶었을 것이다. 무엇보다 그는 그저 장애인이 연기를 한다는 이유로 무작정 기특해하거나 안쓰러워하는 시선을 원치 않았다. 관객에게 좋은 연기를 보여주고 그에 대한 응답으로 박수받고 싶었다.

이 이야기는 한동안 내 마음을 몹시 복잡하게 만들었다. 나

역시 한 명의 관객으로서 멋진 연기를 보여준 배우에게 마땅히 박수하고 싶었지만, 나는 수 개월간 장애배우들의 연습을 지켜보면서도 그들의 연기를 읽어낼 만한 이렇다 할 관점을 정립하지 못하고 있었다. 배우들의 말과 몸은 여전히 내게 낯설었고, 그 기준이 되는 것은 언제나 비장애의 말과 몸이었다. 이전에는 인식조차 해보지 못했던, 내 안의 비장애중심주의는 너무나 견고했다.

장애배우들이 출연한 공연에 드라마투르그로 참여했을 때, 공연을 본 지인들에게 여러 번 그런 반응들을 접했다. 공연 만드느라 너무 고생 많았겠다고. 혹은 배우들이 너무 대단하다고. 그러면 나는 공연 만드는 일이야 당연히 고생스럽지, 하면서 뭔가 한바탕 에피소드를 늘어놓길 기대하는 사람들의 눈빛을 여지없이 배신하거나, 어떤 부분이 왜 좋았는지를 꼬치꼬치 캐물어서 결국 서로 이 말도 저 말도 하지 못하는 어색한 상황을 만들어버리곤 했다. 지금 생각해보면 고약하고 무례한 짓이었다. 그저 장애인 화장실이 없는 공간에서 연습하는 일이 어땠는지, 관객을 만나기 위해 어떤 대화들을 나누며 장면을 만들었는지, 구체적인 이야기를 할 수도 있었을 텐데 말이다.

장애배우의 무대에 대한 – 나를 포함한 – 관객들의 이러한 반응은, 별다른 고민 없이 장애를 **하지 못함** 혹은 **할 수 없음**과 연결해버리는 사회의 편견적 시선이 작용한 결과다. 장애·환경·퀴어·노동운동가이자 작가인 일라이 클레어는 '장애'와 '성취'가 서로 모순된다고 믿는 비장애인들의 인식을 비판하며, "우리가 충분히 해낼 수 있는 일이어도, 비장애인 세상은 우리의 언어장애, 절뚝거림, 산소호흡기, 시각장애 안내견을 무능력의 상징으로 이해"*한다고 일갈한다.

* 일라이 클레어, 《망명과 자긍심》, 현실문화, 2020, 53~54쪽.

다른 한편, 여기에는 그동안 우리가 익숙하게 보아왔던 배우의 전문성이나 이상적이라고 믿어왔던 배우의 조건, 감탄하고 감동해왔던 배우의 연기에 대한 관습적 미학이 고스란히 반영되어 있기도 하다. 그런 기준에 비추어보면 장애배우들의 연기는 어떻게 해도 불안정하고 비전문적인 것이 되어버리니, 관객들은 자연히 판단을 보류할 수밖에 없다. 더구나 **누구도 이제껏 장애인의 몸, 혹은 존재 자체를 그토록 오랜 시간, 그토록 노골적으로 응시해본 경험이 없었을 터**, 어쩌면 그것만으로도 관객들은 이미 설명하기 어려운 불온한 감각에 맞닥뜨렸을지 모른다.

연극을 공부하고 창작에 참여해왔던 나는, 아마도 나에게 어떤 특화된 앎이 있다고 믿었던 것 같다. 그리고 그것을 토대로 장애배우들의 연기를 어떻게 바라봐야 할지 발견해낼 수 있을 거라 착각했던 것 같다. 그러나 비장애를 중심으로 한 모든 코드들이 너무나 당연해서, 그것을 문제 삼을 생각조차 하지 못했던 나에게 그러한 '발견'의 기회는 쉽게 찾아오지 않았다. 어쩌면 그게 부끄러워서, 더 고약하고 무례하게 나를 방어하려 했을 것이다. 나는 여전히 배워가는 중이고, 멀리서 그들을 응시하는 위치에서 이제야 간신히 한 발짝 더 그 곁에 다가갔을 뿐이다.

다만 여기서 한 가지 분명히 짚고 넘어갈 것이 있는데, 연극 무대에 오른 장애배우들은 기꺼이 응시의 대상이 되길 선택한 이들이고, 어떠한 맥락에서 자신의 연기가 읽히고 보일지 정확히 인식하고 있는 이들이라는 사실이다. **응시의 대상이 됨으로써, 그 응시의 맥락을 장악하는 이들.** 그러니 연극에서는 장애배우들이 동의하지 않는 장면이 만들어질 수 없다. 연극 무대 위 배우들은, 휴머니티를 강조하는 수많은 다큐멘터리 프로그램이나 앞서 언급한 감동 포르노들이, 특정 방식으로 장애인을 대상화할 때와는 명백히 다른 지위를 점하게 된다. 그들은 각자의 고유성 안에서 자기 표현과 수행의 방식을 결정함으로써, 적극적인 창작의 주체로 자리매김한다.

지난한 연습의 시간을 견딜 수 있는 인내심을 강조한 지수 씨는, 배우들이 이러한 지위를 획득해가는 과정으로서 연극의 속성을 일찌감치 꿰뚫고 있었던 게 아닐까.

연극하는 지수 씨가 만들어가려는 **장애배우**의 정체성은 장애인 혹은 배우, 어느 한쪽으로 설명되는 것이 아니다. 지수 씨는 누구도 일러준 적 없는 그 세계를 담대하게, 긍지와 신념으로, 그러나 게걸스럽게! 탐험해나갔다. '게걸스럽게'라니, 이 속된 표현을 대체할 말이 떠오르지 않을 만큼, 내가 느끼기에 지수 씨는 연극에 열렬했다.

지수 씨와 극단 애인의 배우들을 처음 만났을 때 나는, 장애인 극단에서 연극을 한다는 것이 어떤 의미인지 전혀 알지 못했다. 막연히 장애, 비장애를 떠나 다양한 사람들이 함께 연극을 만드는 것을 지향점으로 삼아야 한다고 생각했던 것 같다. 모두가 예술가인데 장애와 비장애를 분리해서 생각한다는 것 자체가 차별이라고 느꼈다.

그러니 당시에는 지수 씨의 이야기가 무슨 의미인지도 제대로 이해하지 못했다. 극단 창단과 국토 종단이 무슨 상관인지, 배우가 무대 위에서 박수받는 일이 왜 그토록 특별했는지, 온전히 알기가 어려웠다.

지수 씨의 연극하는 이야기가 다 그렇다. 장애인이라서 그렇구나, 하고 생각해버리면 너무 특별해서 신성시하게 되거나 차별을 정당화하게 되고, 비장애인하고 다를 바가 없네, 하고 넘겨버리면 차이를 위계화하는 현실을 포착할 수가 없다.[*]

나는 그 사이 어디쯤에서 아슬아슬, 연극하는 지수 씨의 이야기를 곱씹었다. 창단 이후 십 년이 넘도록 단원들이 매주 만나 스터디를 한다는 이야기를 처음 들었을 때도, 그 활동이 일종의 수행처럼 느껴져 어쩐지 경건한 마음이 생겼었다.

지금에 와 생각해보면, 지수 씨야말로 그 신성시와 차별, 위계화의 함정을 정확히 알고 있었기에, 지속적인 공부를 통

* 단순히 장애와 비장애의 차이에만 초점을 두고 지수 씨의 국토 종단 이야기를 해석하면 다음과 같은 오류에 빠질 수 있다. "연극을 하기 위해 극기와 같은 방식으로 장애를 극복하려 하다니." 혹은 "그렇게 혹독한 사전 테스트를 통과해야만 연극을 할 수 있다니." 한편 장애와 비장애가 그저 다양성의 스펙트럼 안에서 각자의 위치를 점하고 있을 뿐 결국 같다고 생각할 경우, "연기를 잘하면 당연히 박수할 거 아닌가."라는 또 다른 오류에 빠지게 된다. 비장애가 기준이 되고 장애는 그 기준에 미치지 못하는 상태로 취급되는 현실을 인식할 수가 없기 때문이다. 장애와 비장애의 차이점, 혹은 유사점만을 강조할 때 부딪히는 문제에 대해 보다 첨예한 논의가 궁금한 독자에게는 수전 웬델의 《거부당한 몸: 장애와 질병에 대한 여성주의 철학》(2013)을 권하고 싶다.

해 장애연극인들이 나아갈 길을 모색해왔던 게 아닐까 싶다. 그것은 창작자로서 전문성을 강화해나가는 자연스러운 과정이기도 했지만, 동시에 장애배우의 정체성을 만들어가기 위한 필수적인 작업이기도 했다. 극단은 창단 초기에는 주로 희곡 읽기와 쓰기 등 텍스트를 중심으로 스터디 모임을 해나갔고, 점차 그

영역을 확장해 최근에는 배우 연기를 비롯한 연출·사운드·영상 등의 스태프 영역에 대한 워크숍, 장애예술과 연극의 역사에 대한 공부, 배리어프리 공연 제작을 위한 연구 등을 지속하고 있다.

●

생각해보니까 제가 공부에 대한 욕구, 욕망이 많았기 때문에 공부를 해야 된다는 생각이 들었던 것 같아요. 그리고 연극에 대해서 아무것도 모르니까 당연히 공부를 할 수밖에 없었죠. 처음에는 저한테 극단을 만들어보라고 얘기해줬던 동료한테 부탁해서 연극하시는 분들 모셔다가 세미나 같은 걸 했어요. 그리고 우리끼리는 단편 희곡을 많이 읽었죠. 잘 몰라도 그냥 읽는 거예요. 어쨌든 제 안에는 공부하는 습관을 들이는 게 되게 중요하다는 생각이 있었거든요. 그니까 공연을 하면, 그동안에는 공연만 해야 하니까 다른 걸 못하잖아요? 공연 끝나면 끝났다고 그냥 쉬고. 근데 그렇게 쉬면 다음 공연할 때까지 성장하지 못하니까 그동안에 끊임없이 공부를 해야… 하하하.

사실은 단원들이 정말 대단한 거죠. 그 긴 시간을 버티는 거잖아요. 공연이 없어도. 그 버티는 힘이 스터디인 거예요. 매주 만나서, **그래도 우리는 연극하는 사람이다, 우리는 연극하는 사람이니까 연극할 준비를 해야 된다**, 이러면서 계속하는 건데. 웬만해선 그러기 어렵잖아요. 정말 어려워요. 그런데 우리는 다 배우들이고, 공연할 때마다 외부에서 연출을 모셔 오는데, 당연히 연출마다 스타일이 달라서 배우들이 자기 연기에 대한 확신이 없으면 힘들겠더라고요. 그리고 한편으로는 그렇게 하다 보니 우리가 외부 도움 없이는 아무것도 못 하는 극단처럼 인식되기도 해서요. 저는 그렇게 되기를 바라지 않았고. 그래서 끊임없이 공부하고 역량 강화해서, 우리끼리 뭔가 할 수 있을 정도가 되어야 한다고 생각했어요.

○

　　　　　나는 지수 씨가 그동안 여러 직장을 옮겨 다니고 계속해서 새로운 일들을 찾아다녔던 것을 떠올리며, 어떻게 그 와중에도 그토록 꾸준히 연극을 하고 있는지 재차 질문했다.

　"그러게 말입니다. 하하하. 좋아하니까 그렇겠죠?" 의외로 간단한 대답이 돌아왔다. 나는 생각했다. 아니, 지수 씨에게 연극을 좋아한다는 건 그렇게 간단한 일이 아니었을 것이다. 그것은 자신을 둘러싼 매우 복잡한 외부의 반응들을 예민하게 인식하며 끊임없이 교섭해나간다는 것을 의미했으니까.

　장애예술인들이 좋아서, 재밌어서, 예술을 한다고 대답하면 그들의 창작 활동은 너무 쉽게 아마추어의 취미 생활과 동일시되곤 했다. 그런가 하면 관객과의 만남을 전제로 한 심미적 표현이 치료나 치유를 위한 수단으로만 여겨졌다는 것도 황당한 일이다. 장애예술인들은 오랜 세월 자신의 예술에 대한 이런 오해를 해명(?)해야 하는 처지에 놓여 있었다.

장애예술인들의 창작 활동은 장애인으로서 자신의 정체성을 끊임없이 고민하고, 사회의 차별과 억압을 드러내는 창작의 방법론을 탐구한다는 점에서 의미가 있다. 지수 씨의 연극하기가 응시라는 맥락과 떨어질 수 없는 이유도 이 때문이다. 역사적으로도 장애예술disability arts의 태동은 장애권리운동의 발전과 궤를 같이해왔기에[*], 이는 장애예술인 개인의 욕망과 의지를 투영한 것이면서 동시에 외부의 기대를 반영한 것이라 할 수 있다.

특히 연극은 다른 어떤 예술 장르보다 장애인식 개선을 위한 효과적인 '도구'로 평가받는다. 창작의 과정에서 서사와 재현의 주도권을 모두 장애인 당사자가 가질 수 있기 때문이다.

좋아서 하는 일이라고 하면 취미 활동이 되고,

* 반스와 머서, 셰익스피어는 "장애 및 투쟁의 경험에 대한 공유된 문화적 의미와 집합적 표현의 발전"으로 장애예술을 정의한다. Barnes, Mercer, and Shakespeare, *Exploring Disability: A Sociological Introduction*. UK: Blackwell Publishers, 1999. p. 205.
이 책에서 사용하는 '장애연극', '장애연극인', '장애배우' 등의 표현은 모두 이러한 '장애예술'의 문제의식을 계승한 창작 행위와 주체를 가리키는 것이다. 하지만 이는 동시에, 장애를 가진 예술인 당사자 모두가 이러한 창작 활동에 동의하는 것은 아니라는 사실을 함의한다. 장애인으로서 자기 정체성에 대한 예술인의 입장과 태도는 장애 정도나 유형, 활동하는 예술 장르에 따라 매우 상이하게 나타날 수 있으며, 나이나 젠더, 계급 등의 요소, 그리고 개인의 생애 경험 등에 영향받아 형성, 변화되어 가기 때문이다.

긍정적 힘에 동의하면 치료가 되며, 저항의 성격을 강조하면 운동이 되어버리는 일, 그 사이 어딘가에 지수 씨가 하는 연극이 있었다. 전문 예술가로서 장애연극인들이 추구하는 미학적 실천은 이 삼각구도 밖으로 너무나 쉽게 밀려났고, 사람들의 관심에서 멀어져 갔다.

나는 비장애 연극인들이 이런 오해와 해명 사이를 왔다 갔다 하는 걸 본 적이 없다. 지수 씨는 이 모든 것들을 어떻게 인식하며 활동해왔을까.

●

저희 극단 내부적으로는 주인공을 정할 때 고려하는 것들이 있어요. 어쨌든 신체적인 기능이 좋은 사람에게 주인공을 맡기는 경우들이 분명 있잖아요. 그런데 저는 장애가 경증이라서 더 큰 역할을 해야 된다고 생각하지는 않아요. 오히려 극단에서는 중증의 장애인이 어떻게 표현할 수 있을지를 더 많이 찾아야 하는 것 같거든요. 중증의 배우들이 빛나 보이려면 어떻게 연출할 수 있을지를 고민하는 거죠.

그래서 사실 다양한 장애 유형의 사람들이 모이면 모일수록 더 좋다, 라고 생각하고요. 그게 쉽진 않지만, 그래야 극단의 폭이 넓어질 수 있고, 그게 장애인 극단이 가야 할 길이라고 저는 생각해요.

그런데 외부에서 볼 때는 중증의 장애로 인해서 연기하는 데 있어서도 많은 제약을 받을 것이다, 그런 시선이 있는 것 같은데 개인적으로 저는 그게 너무 안타깝고 좀 화가 나기도 해요. 제가 중증이라서 그래요. 어디 가서 많이 겪었기 때문에(웃음).

예술이라는 게 장애로 인한 부정적인 감정들을 긍정적으로 돌릴 수 있게 하잖아요. 장애가 어떤 나쁜 것이 아니라 있는 그대로 완벽한 존재라고 인정하는 거예요. 장애예술도 무언가 부족한 것이 아니기 때문에 이 안에서 어떤 것들을 만들어나갈지 찾는 거죠. 그런 면에 있어서 개인이 가진 장애 정체성은 굉장히 중요한 것 같아요.

근데 장애 정체성이라는 게, 해야 할 일이 너무 많은 거예요. 사회의 인식도 바꿔야 하고, 비장애인들이 요구하는 것들도 있고, 또 극단 안에서는 어떻게 작품을 만들 것이냐, 이런 것들도 있고요. 그럴 때, 나는 장애를 갖고 있다, 그리고 그렇기 때문에 해야 할 일과 하지 말아야 할 일들을 구분해야 한다, 이걸 항상 생각해요.

그래서 저는 장애에 대한 공부도 계속 열심히 해야 하는 것 같거든요. **지금 이 사회에서 장애를 갖고 있는 사람들은 대부분 어떤 존재로, 어떤 위치에서 살아가고 있는가.** 배우들도 그런 생각을 하지 않고 연기하다 보면, 사실은 하고 싶은 거, 혹은 남들이 원하는 걸 하게 되는 거라서요.

저는 자립생활센터에서 일하면서 자립생활운동을 하는 사람이었기 때문에 단원들과 뭘 해야 되는지가 너무 명확했어요. 제가 극단을 하면서 어떤 주체적인 생각, 이런 걸 하는데 자립생활운동이 너무나 많은 도움이 됐죠.

우리 속도와 시간에 맞춰서 천천히 갈 거고, 단원들 한 명 한 명이 어떻게 성장하면 좋을지에 대해 고민도 할 수 있었고요. 계속 연극에 대한 공부를 하는 것도, 살아가는 경험의 폭을 넓히는 것도 되게 중요한 일이었어요.

스무 살에 극단에 들어온 단원이 있었는데 인사동에 처음 가본다는 거예요. 그니까 누군가와 뭘 같이 하고 어딜 가보고 이런 게 없었던 거죠. 그래서 맨날 모여서 밥 먹고 술 먹고, 얘기 많이 하고 어디 다니고 그랬어요. 이게 되게 번거롭고 힘든 일이지만 꼭 필요하다고 생각했거든요. 그래서 주말 저녁이 되면 여기저기 놀러 다니는 거예요. 청계천, 인사동, 명동, 이런 데 다니면서 말 그대로 시내를 구경하는 거죠. 그리고 2박 3일 통영 같은 데로 여행도 가고. 그런 것들도 극단의 활동이라고 생각했고, 그리고 같이 공연 보러 다니는 것도 아주 중요했고요.

비장애인들은 근본적으로 장애인을 부담스러워하는구나, 하고 생각한 적이 있어요. 장애인들이 부담스러운 게 아닌데 부담스러운 존재로 만든다? 그러니까 탓을 돌리는 게 아니라 서로가 이런 거죠. 책임져야 한다는 의무감을 가지고, 그러니까 케어해야 한다는 생각. 그리고 장애인들도 의존하는 게 있는 거예요. 그래서 그거를 끊어야겠다 생각했어요.

당시 극단에 혼자서 밥을 먹지 못하는 단원이 있었는데, 알고 지내던 비장애 연극인들이 활동 보조로 등록해서 도와준다고 했거든요. 근데 제가 그렇게 하기 싫었어요. 우리끼리 하거나 필요하면 자기가 알아서 활동 보조 해주시는 분을 모셔 오자고 했죠. 그리고 뭐 먹으러 가면 더치페이하자, 한 가지 더, 시간이 늦어도 각자 알아서 집에 가자, 누가 데려다주고 지켜주고 이런 거 하지 말자. 비장애인들하고 술을 마실 때 일정 시간이 되면 장애인들한테 빨리 집에 가라고 그러거든요. 그런 것쯤은 알아서 할 수 있는데 그 말 자체가 통제라고 느꼈던 거죠.

자기결정권, 음⋯ 자립생활계나 장애인들이 많이 하는 말은 **실패할 권리**인데요. 실패를 하든지 성공을 하든지, 아니면 아무것도 아니든지. 어쨌든 직접 해봐야 아는 거잖아요. 근데 장애인들한 테 그렇게 하면 잘 될 거야, 안 될 거야, 이럴 수도 있어, 어쩔 거야, 보통 이렇게 얘기하거든요. 조언이기도 하고 좋은 말인데, 제가 생각하기에는 그런 이야기를 주변에서 많이 듣는 사람들이 훨씬 더 자기 선택이나 결정에 두려움을 느끼게 되는 것 같아요. 안 되면 어떡하지, 그래서 의존하게 되는 거죠. 그러면 자기 선택권이 약해지는 거고. 책임질 일도 피하게 되는 거고.

저도 사실 그런 게 많이 있거든요. 이미 마음속에 내가 결정하고 싶은 건 항상 있어요. 그런데 확인하고 싶은 거죠. 나 이렇게 해도 될까, 정말 내 생각이 맞는 걸까. 물론 이건 장애 비장애를 떠나서 그럴 수 있는 건데, 특히나 장애인들의 경우 그런 것에 많이 좌지우지되고 자기 생각과 의지를 밀고 나갈 힘이 부족해지지 않나 싶어요.

자기 의지대로 할 수 있는 게 결국 말하자면 자기 신뢰거든요. 나에 대한 신뢰가 있으면 실패를 해도 되고 성공을 해도 되고. 어떤 결과가 나오더라도 아, 그렇구나, 할 수 있는 건데요. 저 같은 경우는 십 대 때 아주 의식적으로 내가 해야지, 그런 생각을 좀 많이 했던 것 같고. 자립생활운동을 시작하면서 이게 자기결정권이라는 거구나, 알게 됐죠. 옛날에는 자기결정권을 수행할 수 없는 상황에 많이 놓여 있었다면, 자립생활하고 나서는 그럴 기회가 많아졌고. 이제는 기회가 많은 게 아니라, 내가 선택과 결정을 하지 않으면 안 되는 상황이 왔죠.

그런데 차츰차츰 시간이 지나면서 내 선택이 나 혼자만의 것이 아니기 때문에 더 어려워져요. 해야 하는 것과 하기 싫은 것, 하고 싶은 것들은 정해져 있지만 내 마음대로만 할 수는 없으니까. 이렇게 해야지 결정하고 거기서 발생하는 많은 것들에 대해, 하기 싫은데 억지로 했으니까 난 몰라, 이럴 수는 없는 거잖아요.

○

　　　지수 씨의 이야기는 자기결정권이라는 것이 결국, 그 결정을 내리는 나와 다른 사람들 간 연결과 상호의존을 전제로 한 것임을 보여준다. **우리가 서로를 필요로 하는 존재들이라는 것**, 애정과 유대감 속에 비로소 자신을 신뢰하게 되고 실패할 권리를 말할 수 있다는 것.

그동안 내가 강박적으로 신봉해왔던 독립이나 자율성의 가치가 얼마나 왜곡된 것이었는지! 나는 선물하기에 얽힌 지수 씨의 이야기를 들으면서, 어떻게 하면 다른 사람들과 좀 더 유연하면서도 단단한 관계를 맺을 수 있을지 생각했다.

처음 자립생활을 시작한 이십 대의 지수 씨는 주변 사람들에게 자주 무언가를 선물했다고 한다. 누군가를 위해 선물을 하는 것, 그 시간 동안 그 사람을 생각하는 것, 무엇을 선물할지 고민하는 것, 그 모든 게 참으로 행복한 일이었는데, 그땐 남들보다 늦게 그 기쁨을 알았다고 억울해했다. 그러다 문득, 자신이 다른 사람들한테 지나치게 집착하는 건 아닌지, 좋은 관계를 유지하려고 너무 애쓰는 건 아닌지, 하는 생각이 들었다고 한다. 그 후로 다시는 그렇게 하지 않으려고 의식적으로 노력한 세월이 또 한참이다.

지금의 지수 씨는 자신이 매우 인색한 사람이 되어 버린 게 아닌가 싶어, 어떻게 하면 자연스럽게 사람들과 무언가를 나눌 수 있을지 고민한다. 스스로 도움이 필요한 존재라고 느껴지는 걸 참을 수 없어 고집했던 자립도 사실은 사람들과 어울려 지내면서 실현될 수 있는 것이었다.*

한편, 지수 씨는 최근 나이 들어가며 커지는 또 다른 두려움과 싸우고 있다. 무언가를 선택했다가 실패하거나 생각지도 못한 결과가 나왔을 때, 책임을 지고 제자리로 돌려놓는 데 들어가는 체력이 예전 같

* 이와 관련해 김도현은 자립생활운동의 이념을 '개인주의individualism-자활自活' 노선보다는 '코뮨주의communism-공생共生' 노선으로 이해해야 한다고 주장하며, 후자의 경우 자기선택권이란 '정치적 시민'으로서의 선택권과 자치自治의 권리로 구체화된다고 설명한다. 김도현, 《장애학의 도전》, 오월의봄, 2019.

지 않아서다. 젊었을 때는 실패하고 다시 시도하는 데 얼마든지 시간을 더 쓸 수 있을 것 같았지만, 지금은 금세 마음에 조급함이 생기기도 한다.

또한 지수 씨에게 자기결정권은, 언젠가 함께하게 될 활동지원사와의 관계에 관해서도 여러 생각을 하게 만드는 화두다. 최근 그는 지원이 어떻게 통제가 되어버리는지, 억압이 구체적으로 재생산되는 메커니즘을 고민한다. 예를 들면 이런 식이다.

장애가 있는 이용자가 무언가를 직접 하고 싶어서 그에 대해 도움을 요청한다. 그러나 비장애인 활동지원사에게 그것은 번거롭고 비효율적으로 보인다. 그러면 활동지원사는 도와주는 게 아니라 그것을 대신해주겠다고 나서게 되고, 이런 상황이 반복되면 결국 장애인이 무언가를 선택하거나 결정할 권리는 점점 줄어들고 마는 것이다.

지수 씨는 이런 이야기를 희곡으로 쓰고 싶어 다양한 사람들을 인터뷰하려 시도 중이고, 오래도록 자기결정권과 활동 지원, 돌봄, 통제와 같은 이슈들을 이리저리 머릿속에 그려보고 있다고 말했다.

○

몇 달 뒤, 지수 씨는 짧은 희곡 하나를 완성했다. 웬걸, 희곡은 그가 마음먹었던 것과 다르게, 서로 다른 장애를 가진 이들과 그들의 활동지원사들이 서로를 돌보고 의존하는, 꽤나 다정한 이야기가 되어 있었다. 불공평한 세상과 불합리한 제도를 말하고 싶었다는 지수 씨는 이 이야기를 쓰는 동안, 자신이 얼마나 많은 것들을 관계로 풀어내려 하는 사람인지 새삼 알게 되었다고 멋쩍어했다.

지수 씨가 직접 배우로 참여한 그 희곡의 낭독 공연 영상이 코로나로 만나지 못한 시기에 온라인으로 공개되었다. 나는 집에서 혼자 공연을 보며 가만히 큭큭거렸다. 이봐요, 지수 씨. 그대는 언제나 그렇게 사람들과 함께 세상을 헤쳐온 걸요!

수국	여기는 원래 가게 터였죠? 가게를 하셨어요?
아카시아	아뇨, 여기를 집으로 얻었어요. 원룸, 오피스텔, 아파트에서 살
	아봤는데요. 장애가 심해질수록 일반적인 집 구조가 너무 불편
	하더라고요. 화장실 문이 좁아서 휠체어도 못 들어가고, 방도
	전동 휠체어를 탈 만한 공간이 안되니까 활동지원사도 힘들고
	요. 어디서 사는 게 좋을까 찾다가. 비어있는 가게 터를 얻었어
	요. 필요한 크기만큼 나눠 쓸 수 있어서 저한테는 딱이에요.
수국	아···.
아카시아	사람들이 쉽게 드나들 수 있고 모일 수 있는 공간도 있어서
	더 좋아요.
수국	장미는 어떻게 저렇게 친화력이 좋아요?
능소화	생활시설에 있을 때부터 사람들하고 같이 지내서 그런가 봐요.
아카시아	장미가 좀 특별하긴 해요.
수국	여기 분들 다 그런 것 같아요.
능소화	저희가요?
수국	네, 요즘 누가 이웃들하고 이렇게 밥을 먹어요.
능소화	한 달에 한 번인데요, 뭐. 재밌잖아요.
수국	다들 한동네서 오래 사셔서 그런가.
사루비아	저희는 여기 온 지 3년밖에 안 됐어요.
수국	오래 알던 사이들 아니세요?
능소화	아카시아랑 제가 20대 때 일하면서 알게 된 사인데 가끔 만
	나다가 활동 지원 시작하면서 가까운 데로 이사 왔어요.
아카시아	같이 늙어가자고 제가 불렀어요.
수국	저는 세 분이 다 이 동네서 오래 사신 줄 알았어요.

아카시아	저만 30년 됐어요. 이 동네서 산 지.
수국	그래서 어르신들을 다 아시는군요.
사루비아	오늘은 수국 님도 같이 저녁 드시고 가세요.
수국	아녜요. 난 집에서 먹을게요. 남의 집에서 밥 잘 안 먹어요.
능소화	같이 먹어요. 할머니들이랑 얘기도 하고, 한번 계셔 보세요.
아카시아	그래요. 수국 님 같이 드세요.
수국	아이고. 참나. 도시락도 안 싸왔는데….
사루비아	같이 드시면 돼요. 밥도 넉넉히 했어요.
수국	아이고. 참나… 그래요. 그럼….

　　　　사실은 제가 뭔가를 불가항력적으로 스스로 할 수 없는 상황들이 있으니까, 내가 모든 것을 할 수 있게끔 되어 있어야 한다, 그런 게 있어요. 그러다 보니까 장애가 없는 사람이랑 살면 그 사람한테는 불편한 부분들이 생기겠죠. 웬만한 사람들은 꺼내주면 되지, 하는데 저는 꺼내주는 게 싫은 거예요. 그래서 꺼내주지 않아도 되는 곳에 물건을 놓는 거고요. 그럼 집이 너저분하죠. 흐흐, 저는 사실, 너저분한 게 맞다고 생각해요.

　기본적으로 장애를 가지고 살면 좋은 세상을 보게 돼요. **장애를 갖고 있는 사람들과 장애가 없는 사람들이 함께 살아가려면 되게 유연해야 되고 어수선할 수밖에 없으니, 그 안에 잘 보이지 않는 엉성한 질서들이 있게 마련이죠.** 내가 그런 걸 좋아한다는 걸 알게 됐어요. 그런 세상이 되어야 장애를 갖고 있는 사람들도 잘살 수 있지 않을까 그런 생각이 제 안에 있는 거죠.

◇ 이 희곡은 2021년 극단 애인의 희곡 쓰기 프로젝트 '쓰는 중입니다'에서 개발된 것으로, 당시 낭독 공연으로 만들어져 온라인에서 공유되었으며, 2022년 8월 무대화되었다.

4막

생전 해본 적 없는 방식으로

햇살도 바람도 적당히 좋은 봄날이었다. 그날 공연팀은 연습실이 아닌 야외에 둘러앉아 작업 이야기를 나누기로 했다. 마로니에 공원에 도착해 커피 한잔할 장소를 고민하다가, 몇몇이 흩어져서 갈 만한 데를 찾아보자고 의견을 모았다. 누구보다 훤히 대학로를 꿰뚫고 있다고 자부하던 나는 야외 테라스가 있는 카페를 떠올려봤다. 휠체어를 이용하는 배우가 여럿 있으니 일단 문턱이 없어야 하는데, 거기 문턱이 있었던가?

내가 우물쭈물하는 사이, 지수 씨가 엄청난 속도로 휠체어를 내달려 골목 몇 개를 순식간에 스캔하고 돌아왔다. 나는 그날, 휠체어가 그렇게 빠른 속도로 달릴 수 있다는 걸 처음 알았다. 그리고, 큰 깨달음을 얻었다고 뿌듯해했다. 어떤 조건이 만들어지면 지수 씨가 나보다 훨씬 효율적으로 일을 처리할 수 있고, 내가 가진 정보가 무용할 수 있다는 걸 알게 됐다고 말이다. 평일 오후의 한산한 대학로. 그 길을 날 듯이 누비는 지수 씨의 모습은 지금도 내게 하나의 풍경처럼 남아 있다. **존재와 세계는 서로가 서로를 바꾼다.**

●

    그날 대학로에서 있었던 일을 떠올려보면, 되게 여러 가지가 겹쳐져 있는 사례인데요. 일단 기본적으로 접근이 가능한 곳에 가는 거면 전동 휠체어가 훨씬 빠르다는 것.

그리고 저는 본능적으로 어딜 가든 제가 갈 수 있는 곳을 생각하면서 다니잖아요. 대학로 같은 경우 익숙하게 많이 다니는 곳이기도 하고, 그런데도 사실 갈 수 있는 데가 거의 없어서 아, 저기 바뀌었네, 이제 들어갈 수 없겠네, 확인하면서 다니니까 더 잘 알고 있기도 했을 테고요. 저기는 이렇게 저렇게 하면 들어갈 수 있겠다, 그런 것도 금방 보면 알고요. 술 좋아하니까 술집 눈여겨보는데, 하하하. 그럴 땐 술 먹다 화장실 가고 싶으면 어디로 가야 할지까지 미리 알고 있어야 해서요.

그런 게 몸에 배어있어요. 사실 장애를 가지고 산다는 건 한꺼번에 정말 여러 가지를 생각해야 하는 일이에요.

○

　　　삶의 경험과 지식이 배어 있는 몸에 대해 생각한
다. 몸은 고정되어 있는 물질이 아니며, 시간의 흐름 속에서 끊
임없이 재구성되는 경험의 아카이브다. 그 과정에서 몸은, 외
부 환경에 충돌하고 적응하기를 반복하며 변화해간다. 지수 씨
는 오랜 세월, 우리 사회의 정치적이고 문화적인 맥락이 자신
의 몸에 어떤 흔적을 남겼는지 들여다보는 작업을 해왔다. 그
러나 동시에 몸은 다른 몸과 만나 새로운 감각을 발견하기도
하고 내적인 상상과 관찰, 행위에 의해 길들여지기도 한다. 연
극하는 지수 씨에게 몸을 둘러싼 이런 자극들은, 그냥 흘러가
버리는 것들이 아니다. 몸이란 직시하고 사유해야 할 창작의
근원적인 재료가 된다.

서른다섯 살의 겨울, 장애인 관련 잡지사에서 연락이
왔다. 부끄럽게 여겨져 가려져 있는 '장애인의 몸'을 당당
하게 드러내는 콘셉트로 일 년에 한 번씩 표지를 찍는데
이번에는 척추가 휘어진 몸에 바디페인팅을 해서 표지에
내고 싶다고. 그중에 완벽한 S라인 척추를 가진 나를 많은
이들이 추천했다는 것이다. 순간 나는 당황했고 일주일쯤
고민을 하다 표지를 찍기로 결심했다. 그때쯤 어떤 장애
여성이 세미 누드를 찍은 일이 있었는데 전혀 다른 의도
지만 오해를 받을 수 있다는 것이 걱정스러웠다. 하지만
나는 다른 사람들의 생각보다는 내 몸을 직시해야 한다는
생각이 들었다. 휘어진 척추와 굽은 채 굳어버린 팔과 골
반, 다리… 불균형인 나의 몸을 인정하고 받아들이는 기
회가 필요하다고 판단했기 때문이다.

바디페인팅을 하고 사진을 찍던 날은 몹시 추웠다. 따
뜻한 물로 목욕을 하고 집을 나섰지만 온몸과 마음이 떨
려왔다. 다행히 따뜻한 집 안에서 촬영을 했고 바디페인
팅 작업을 해주신 분도 암 투병 중이어서 서로 다른 아픔
을 공유하며 작업을 했지만 그날 난 참 많이 울었다. 나는
일부러 나의 장애를 수용해야 한다고 생각한 적이 없지만
매 순간 '나는 장애인이다.'라는 말을 되뇌곤 했다. 장애
인이기 때문에 출발점이 달랐고 마주치는 문제들이 다르
니 다른 삶을 살 수밖에 없는 게 당연하다고 인정하면서

사람들을 만났고 직장 생활을 해왔다. 그렇게 스스로 인정했다고 해도 적나라한 나의 알몸을 객관적으로 바라보는 것은 쉽지 않았다. 적절한 비유가 아닐지도 모르지만 중도에 장애를 입은 사람들처럼 바른 자세의 몸이라도 갖고 싶은 욕망과 서러움이 나를 휘감았다.

힘겨운 며칠이 지나고 마음은 조금 더 자유로워졌다. 표지가 나오자 곳곳에서 나를 본 사람들이 연락을 해왔다. 대부분 뭐라 표현할 수 없으니 '대단하다.'라거나 '깜짝 놀랐다.'는 내용이었고 한동안은 누드모델이냐는 비아냥거림을 듣기도 했지만 나는 개의치 않았다. 사람들에게는 곧 잊혀질 테고 중요한 건 나에게 남은 홀가분함이었다.

– 김지수, 〈내 몸을 보다〉 중

◇ 지수 씨는 장애인자립생활센터에서 근무할 때 라이프 스토리 쓰기 프로그램에 참여한 적이 있다. 〈내 몸을 보다〉는 당시 그가 썼던 글에서 발췌한 것이다. 이후 지수 씨는 그때의 경험을 토대로, 극단 단원들과 함께 라이프 스토리를 쓰면서 서로를 더 깊이 알아가는 시간을 가졌다. 극단에서는 그렇게 완성된 각자의 이야기들을 모아 2012년, 2015년에 〈장애, 제3의 언어로 말하다〉라는 연극을 무대에 올렸다.

●

내 몸을 직시한다는 건, 언제든지 필요한 일이라고 생각해요. 연극도 그런 거거든요. 무대에 오른 나를 여러 방식으로 상상할 수 있는데, 장애를 가진 분들 중에 처음 무대에 오르고 나서 연극을 그만두는 경우가 종종 있어요. 내가 상상한 몸과 사람들이 보는 무대 위의 내 몸 사이에 차이가 있다는 걸 알게 되는 거죠. 그래서 사진 찍히는 걸 싫어하는 사람들도 많고요.

저도 한동안 그럴 때가 있었는데, 결국에는 그게 나를 부정하는 일이 아닌가, 하는 생각이 들었어요. 내가 어떻게 보이는지를 받아들이는 게 되게 중요하다는 걸 알게 된 거죠. 그래서 저는 연극 무대에 오르거나, 인터뷰 같은 걸 하게 되면 남는 영상이나 사진, 이런 걸 더 잘 보려고 해요. 예를 들어 사람들은 팔을 뻗을 때 그냥 쭉 내밀면 되는데, 저는 (왼손으로 오른쪽 팔꿈치 아래를 받치면서) 이 손을 써야 하잖아요. 이게 제가 팔을 뻗는 모습인 거예요. 저한테는 너무 일상적인 거라 의식하고 움직이는 건 아니지만, 사진으로 보면 남들과 다르다는 걸 바로 알 수 있죠.

요즘엔 몸을 보려고 한다기보다 명상을 해요. 매일매일 하려고 노력하고, 이게 할 때랑 안 할 때 차이가 있거든요. 근데 **그 명상 안에 눈을 감고 자기 몸을 보는 게 있어요.** 느끼는 게 아니라 보는 거예요. 그걸 할 때 사진이나 그런 게 되게 도움이 됐어요. 그러니까 그냥 머리에 의식을 두고 몸을 느끼는 상태가 아니라, 내 몸을 바라보는 건데요. 그럼 상상을 하는 거죠. 누워 있을 때, 휠체어에 앉아 있을 때, 내 팔은 어떤 모양으로 되어 있나. 내 오른쪽 어깨는 어떻게 되어 있고 왼쪽 어깨는 어떤가. 시시때때로 되게 많이 보려고 해요.

어제는 미용실에 갔거든요. 미용실에 갈 때는 최대한 옷을 가볍게 입고 가니까, 근데 거울로 비춰보니 몸이 정말 또 많이 변했더라고요. 척추가 S자로 휘다가 다시 반대로 휘고 있는 거예요. 그래서 골반이 있는 곳이랑 어깨와 고개가 있는 곳이 각도가 되게 다르죠.

몸의 변형이 계속 일어나는 건데, 그래서 치아도 계속 벌어져요. 이게 척추하고 연결이 되어 있더라고요. 예전엔 치아가 가지런했는데. 저희 엄마가 이쁜 걸 좋아하셔서(웃음) 제 치아 보면 그렇게 싫어하세요. 그게 정말 스트레스였어요. 엄마가 그 얘기하면 막 울고 그랬죠. 근데 저는 이것도 내가 받아들여야 하는 내 몸의 일부다, 하고 있어요. 치과에도 가봤는데, 한번 손을 대면은 계속 뭘 해야 한다고 해서 그러려니 생각해요.

사실 대외적인 활동을 하고 학교에 인권 강의 나가고 이럴 때는 많이 신경이 쓰이는데, 그건 내 몸에서 일어나는 변형이기 때문에 어쩔 수가 없는 거죠. 물리적으로 어떻게 막는다고 해서 되는 것도 아니고요. 물론 부정교합이 오면서 발음이 새는 게 느껴져서 더 신경 써서 말하기도 하고, 씹는 게 힘들어져서 앞으로는 못 먹을 음식이 늘어나겠구나, 싶기도 해요, 하하하.

제가 예전에 카메라를 산 적이 있어요. **도대체 내가 보는, 내 눈높이라는 건 뭘까**, 생각했던 때인데. DSLR 카메라를 되게 벼르고 별러서 산 거예요. 그래서 한동안 사진을 많이 찍었죠. 뭘 멋있게 찍는다기보다도 그냥 들고 찍은 거예요. 그런데 어느 날 그 사진들을 보는데 그렇게 답답할 수가 없더라고요. 저는 저의 눈높이나 제가 보는 세상에 익숙해져서 미처 인식도 못 하고 있었지만, 카메라 프레임 안에 있는 세상은 너무 달랐죠.

어렸을 때 누군가가 나를 안아주거나 업어주는 걸 정말 좋아했거든요. 내가 보지 못했던 걸 볼 수 있었으니까. 집 안에 책장이나 장식장 같은 데에 뭐 작은 인형들이나 이런 것들이 되게 많이 있었는데, 누가 한번 안아주면은 그것들이 다 보인다는 게 너무 신기한 거예요. 하지만 어쨌든 내 높이는 아닌 거죠. 어느 한순간만 볼 수 있는 것들이고. 그래서 언젠가부터 위에 있는 것들이 보고 싶다는 생각을 안 하게 된 것 같아요. 나는 모든 것을 알 수도 없고, 내가 보는 것은 어떤 일부분일 뿐이다, 이런 생각을 하게 되기도 했고요.

발을 딛고 선다는 건 뭘까. 걸어본 적이 없으니까 저는 모르죠. 가끔 상상할 때는 있었지만. 옛날에 가족들하고 도봉산에 간 적이 있었는데. 한 십 년 전쯤에, 가족들이 저를 업고 산에 가고 싶다는 거예요. 그때 언니 형부들 사이에 등산 붐이 일어서 산에 가면 되게 좋다고 저를 데리고 가겠다고. 아기들 업는 캐리어 있잖아요. 거기다가 저를 태워서. 일주일 동안 제가 또 얼마나 밥을 안 먹었겠어요(웃음). 부담스러우니까. 어쨌든 그래서 도봉산을 갔어요.

근데 그때 느꼈죠. 와, 사람 몸이 이렇게 유연하구나. 처음 알았어요. 저는 휠체어를 타니까, 휠체어는 어느 정도 한쪽으로 기울어지면 쓰러지잖아요. 근데 형부가 저를 업고 산을 타는데, 오르고 내리고 몸을 숙이고 이러는 사이 그 몸의 유연함과 균형이 다 느껴지는 거예요. 그래서 인간의 몸이라는 건 되게 신기하구나, 생각했죠. 저는 몸에 감각은 있지만 마비가 있어서 잘 몰랐는데, 온몸의 근육이 다 연결되어 있다는 걸 그때 처음 경험해본 거예요.

그리고 그렇게 온몸이 힘들도록 걷고 또 걸으면서 느껴지는 머릿속의 비움, 맑아짐, 이런 게 분명 있을 것 같은데, 그래서 사람들이 심하게 운동을 할 것 같기도 하고요. 그런데 장애를 가진 사람들은 신체 전체적인 유산소 운동이나 노동 같은 걸 할 수 없잖아요. 그런 건 좀 아쉬워요. 제가 할 수 있는 최대한의 움직임은 방 청소나 손빨래 같은 거예요. 그리고 휠체어를 타고 내리는 정도?

그나마 정말 다행인 게, 지금은 통증이 없어요. 척추가 120도 정도로 휠 때까지는 통증이 있어서, 젊을 땐 엉덩이하고 허리 쪽 통증 때문에 병원에 갔거든요. 근데 거기서 척추가 더 휘기 시작하니까 통증이 없어지더라고요. 적응이 된 거겠죠? 여기서 더 나이를 먹으면 다시 통증이 온다고 하긴 해요. 저는 지금 어깨랑 팔목이 좀 아파서 파스를 붙이고 있는 시간이 늘긴 했는데. 지난번에도 집 청소 한번 하고 나니 이틀 동안 팔목이 아프더라고요. 그래서 몸을 쓰지 말아야 한다고 얘기하는 사람들도 있어요. 그것도 맞는 말일 수 있겠지만, 저는 그냥 언젠가는 이렇게 아픈 것도 일상이 되겠지, 생각하는 편이에요.

●

처음에 전동 휠체어를 탔을 때, **같이 걷는다는 게 뭘까**, 하는 생각을 많이 했었어요. 다른 사람과 나란히 걷고, 손을 잡고 걷고. 이런 점에서 수동 휠체어를 타는 것과는 굉장히 다른 경험이었거든요. 근데 사실 전동 휠체어는 일정 속도를 내는 기계잖아요. 저는 운동은 못 하지만, 운동신경이 없다고 생각하진 않거든요? 그래도 전동 휠체어를 타던 초창기에는 같이 걷는 사람과 보조를 맞춘다는 게 쉽지 않았어요. 예를 들면 저는, 옆 사람하고 얘기를 하면서 갈 때도 얘기에 집중하면 속도가 굉장히 빨라지고, 사람한테 집중해야만 속도를 맞출 수 있고 그런 게 좀 있었거든요.

그리고 수동 휠체어를 타면 뒤에서 밀어주는 사람이 선택하는 방향으로 가게 되잖아요? 물론 수동 휠체어 타는 사람을 모두 밀어줘야 하는 건 아니지만, 전동 휠체어를 탔을 때 더 선택의 폭이 넓어진다고 생각해요. 예를 들어 눈앞에 맨홀 뚜껑이 있거나 과속방지턱이 있을 때 그 위로 지나가느냐 돌아가느냐 하는 걸 내가 결정할 수 있다는 거죠. 활동지원사가 뒤에서 수동 휠체어를 밀어준다고 하면 그런 감각을 아예 모를 수밖에 없는데, **전동 휠체어를 타면 울퉁불퉁한 길도, 내가 그 길을 느끼고 싶을 때 가볼 수 있거든요.**

사실 포장 잘 된 길이 장애인들이 가기에 당연히 좋죠. 그런데 쫙 뻗은 길과 그 사이사이에 있는 샛길들을 선택할 수 있는 자유도 있어야 하는 것 같아요. 휠체어를 타면, 앞바퀴와 뒷바퀴, 그 중간에 내 몸이 있잖아요. 저는 몸이 그렇게 놓여 있는 느낌을 즐겨요. 아스팔트 길을 갈 때와 흙길을 갈 때 휠체어 바퀴가 받는 충격이 몸에 전해지는 정도가 다른데, 흙이 주는 폭신폭신한 느낌, 그리고 그런 길에서 돌멩이를 만났을 때의 느낌은 딱딱한 아스팔트 길과는 아주 다르죠. 그래서 한강 같은 데를 산책할 때도 일부러 그런 길을 택해요.

오래전에 지리산 노고단에 간 적이 있었는데, 휠체어를 정말 잘 민다고 소문난 사람이 제 수동 휠체어를 밀면서 올라갔거든요. 그때 몸이 너무 아프고 힘들었어요. 그건 그 사람이 느끼는 감각이지, 제가 원하는 방식은 아니었으니까요. 그 이후에 전동 휠체어를 타고 순천만에 갈 일이 있었죠. 수동 휠체어 탄 사람, 전동 휠체어 탄 사람, 물론 비장애인들도 있었고, 여러 명이 같이 올라갔는데, 포장되지 않은 길로 가는 걸 겁내 하는 사람들이 많아서 다 같이 정상까지 가기가 쉽지 않았어요. 그때 제가 워낙 거침없이 가니까 사람들이 다 감탄하더라고요.

물론 기분에 따라, 몸 상태에 따라 드라이빙이 달라지기도 해요. 술 마시면 엄청 빨리 가거든요? 하하하하. 요즘은 나이가 들어서 본능적으로 속도를 좀 줄이게 됐는데 너무 아쉬워요. 그리고 저도 모르게 제가 좋은 길로만 다니려고 하더라고요. 몸이 아프니까요. 무의식을 의식이 알게 되는 거죠.

○

몸을 들여다본다는 건 뭘까. 지수 씨에게 몸이란, 이야기를 찾아낼 수 있는 구체적인 장소가 되기도 하고, 다른 이들과 상호작용하는 방식을 결정하는 매개가 되기도 한다. 지수 씨가 그의 눈높이에 대해서 말할 때, 등산 경험을 말할 때, 휠체어 바퀴 사이에 놓여 있는 몸의 감각을 말할 때, 그것은 고스란히 어떤 가능성과 잠재력을 품은 몸이 된다.

한계는 '정상성'이라는 표준에 의해 상대적으로 구성된다. 장애는 몸 자체에 있는 게 아니라 상황에 있는 것이며, 그것을 바라보는 사회적 반응에 있는 것이다. 그리하여, 몸에 대한 지수 씨의 사유는 그 몸이 놓여 있는 맥락과 조건을 새롭게 읽어내기 위한 재료가 된다. 지수 씨의 연극에는 이런 모든 질문들이 깊이 스며들어 있다.

○

지수 씨가 DSLR 카메라를 사서 한참 찍었다던 사진들을 상상해본다. 그가 내게 들려주었던 많고 많은 이야기가 분명 그 사진들 속에도 들어있었을 것이다. 그리고 내가 쓰고 있는 이 글들에 대해 다시 생각하게 된다. 자기 모습이 찍힌 사진들을 보면서 지수 씨가 스스로를 떠올렸던 것처럼, 지수 씨의 이야기가 담긴 이 글들도 가끔은, 그에게 명상 같은 시간을 가져다주었으면 좋겠다.

　　현장에 비장애 배우님들이 여는 워크숍 같은 것도 있고, 연출님들이 하는 것도 있잖아요. 처음에는 저희 배우들한테 그런 데 가보라고 그랬어요. 근데 가면, 다수 대 혼자니까 뭔가를 따라 할 수도 없고, 워크숍 진행하시는 분이 맞출 수도 없고. 그래서 사실 가는 게 쉽지 않은 거예요.

　초반에는 제가 잔소리 엄청 하고 들들 볶았죠. 배우고 싶은 거 있으면 가보라고. 근데 한번 딱 갔다 오면 기분이 별로 안 좋고 그런 거예요. 경험상 좋은 경험이 아닌 거죠. 비장애인들은 기본적으로, 근육이 어디서부터 어떻게 움직여서 어느 부위에 힘을 받고 이런 게 다 같은데 장애인들은 그렇지 않잖아요. 그러니까 워크숍하면 비장애 강사님들 입장에서는 장애연극인들이 말 자체를 잘 이해하지 못할 거라고 생각하실 수 있는 것 같아요. 혹은 안 될 거라고 짐작하고 너무 일찍 단념해버리거나 포기해버리는 듯한 느낌을 받을 때도 있고요. 그렇게 직접적으로 얘기하실 때도 있어요. 뭘 가르쳐야 할지 모르겠다고.

그런데 신체 구조에 따라서, 장애 부위에 따라서, 같은 걸 하더라도 되는 사람도 있고 안 되는 사람도 있어요. 그건 못하는 게 아니라 다른 거잖아요.

사실 저도 마비가 있고, 몸이 마음대로 안 움직여지는데요. 척추가 많이 휘었고, 그래서 폐활량도 적고요. 성대로 올라오는 쪽까지 척추가 휘어 있기 때문에 소리가 제대로 안 나기도 하죠. 그래서 더, 몸이 어떻게 움직이는지 근본 원리를 알아야 하는 것 같아요. 그래야 나한테 맞는 걸 찾을 수 있으니까요. 예를 들면 저는 발뒤꿈치를 떼고 걷는다는 게 어떤 건지 몰라요. 그런데 그렇게 했을 때 몸이 어떻게 변하는지에 대해 같이 얘기하면 제 나름대로 그런 상태가 되게 몸을 만들 수 있는 거죠.

몸을 이해한다는 게 금방 되지 않잖아요. 정말 장애배우들이 자기 몸을 온전히 알고 자유롭게 쓸 수 있으려면 몇 년은 걸릴 것 같아요. 그래서 내가 정말 못하는구나, 생각이 들 때도 있고요. 근데 그런 것들에 대해 제대로 이야기를 나누는 것도 쉽지 않은 거예요. 강사님들도 우리를 잘 모르니까 그럴 수 있을 텐데, 막연하게 잘했다거나 멋지다고 칭찬해주시는 것도 사실은 도움이 안 돼요. 아마 우리가 마음을 다칠까 봐 걱정스러우실 수도 있을 것 같은데요. 오히려 전문가의 섬세한 언어로 무엇이 왜 좋았고, 어디가 어째서 안 좋았는지 얘기를 해줘야 장애배우들도 자기에 대한 신뢰를 가질 수 있어요.

제가 어떤 워크숍에 참여했다가 무용을 전공하신 선생님 한 분을 만났는데요. 그분이 그런 얘길 해주셨어요. 수십 년 동안 무용을 하면서 갈고 닦았던 것들이 있었고, 그걸 잘 해내야만 무용을 잘하는 거라고 믿고 있었는데, 장애배우들하고 움직임을 하면서 그 모든 것들이 무너졌다는 거예요. 그게 정말 중요하지 않다는 걸 알게 됐는데, 그래도 참 쉽지 않다고 하셨어요. 되게 솔직하게 말씀해주셨고, 몇 년 동안 계속 장애인 극단하고 같이 활동해오신 분이라 믿음이 갔어요.

그분이 연출하신 공연에 한 장애배우가 몸을 구르는 장면이 있었거든요. 목발을 짚는 배우분이었는데, 목발을 짚으면 기본적으로 한쪽 다리에 마비가 있고 힘이 없어요. 브레이스라는 보조기를 착용하면 그 무게가 10킬로그램이 넘기 때문에 굉장히 무겁고, 그걸 안 하면 다리가 힘을 받지 못하는 거죠. 그래서 데굴데굴 구르더라도 비장애인들 몸처럼 굴러지지 않아요. 몸을 뒤집는 힘을 균일하게 받지 못하니까요. 근데 그 배우분은 자기 몸의 여러 부위를 이용해서 아주 자연스럽게 구르더라고요. 단차가 꽤 높은 객석을 몸을 굴려서 올라가고 내려가는데 정말 연습을 많이 했겠구나, 하는 생각이 들었어요.

○

    나는 이 이야기를 들으며 과연 내가 지수 씨와 함께 공연을 봤다면, 그렇게 연습을 많이 했을 그 장면을 알아챘을까 궁금해졌다. 분명 모르고 넘어갔을 것 같다고 하니 지수 씨도 동의했다. 다만 그는 오랜 세월 여러 장애인들의 몸과 움직임을 익숙하게 봐왔기 때문에 알 수 있었던 거라고.

  양팔과 양다리에 비장애인과 똑같은 정도의 힘을 주지 않은 채 머리와 어깨, 골반으로 힘을 분산시키고 무게중심을 이동해가며 구르기를 하는 장애배우의 퍼포먼스. 그야말로 수공예적인 노력과 창조적 수완이 들어간 몸의 움직임. 그렇다고 이 사례가 다른 공연들과는 정말 비교도 할 수 없을 만큼 독보적이진 않았을 거다.

  나는 장애배우의 연기에 대한 지수 씨의 섬세한 묘사와 설명을 들을 때마다, 그들의 연기를 보는 방식이 달라져야 한다는 걸 매번 새롭게 실감한다. **어떻게 하면 그 자체의 전문성을 읽어낼 수 있을까. 그리고 어떻게 하면 그로부터 발현되는 아름다움을 감각할 수 있을까.** 비장애인들이 장애인의 몸을 낯선 존재로만 받아들이는 현실에 균열을 낼 방법이 있지 않을까. 어쩌면 장애연극의 무대를 다시 읽는 시도가 무대 바깥의 세상을 바꾸는 출발점이 될지도 모르겠다.

○

　　하루는 극단 연습실에서 둥그렇게 책상을 배치하고 단원들과 더불어 장애배우의 훈련법에 대한 대화를 나누고 있었다. 이야기가 거의 마무리되어 갈 무렵, 지수 씨가 함께 저녁 먹을 준비를 하겠다며 조용히 먼저 움직이기 시작했다. 책상과 책상 사이의 좁은 틈을 이용해 공간의 이쪽저쪽을 오가는 지수 씨의 움직임이 여러 개의 부드러운 곡선을 그리는데, 나는 흡사 하나의 아름다운 춤을 보는 것 같은 엄청난 황홀경에 사로잡혔다! 아니, 이게 무슨 일이람.

　지수 씨가 설명했던 장애배우의 움직임이 바로 거기에 있었다. 그가 에스^{S}자의 몸을 운용하는 방식은 일상과 예술을 넘나드는 실천으로 이어진다. 지수 씨는 휠체어의 리듬에 맞추어 주변과 자신 사이의 적용 가능성을 찾아낸다. 그리고 그것은 곧 주어진 환경과 그의 고유성 안에서 **지혜**를 발휘하는 일이라 할 수 있다. 사물이든 사람이든 상황이든, 특히나 비장애를 규범으로 하는 주변의 모든 것들을 어찌나 주의 깊게 관찰하는지, 그의 관찰력에 몇 번이나 혀를 내둘렀는지 모르겠다.

　물론 적용이 잘 되는 것도 있고 아닌 것도 있다. 이때 시간이 좀 걸리더라도 지수 씨만의 호흡을 유지하면서 적응하는 게 중요하다. 그렇게 그의 삶에는 관찰력과 적용력, 적응력의 선순환 고리가 생겨나고, 그 자체로 하나의 통일체를 이룬 여러 경험들이 차곡차곡 축적된다. 억압과 투쟁 사이를 넘나드는 장애연극의 다리를 만드는 것도 바로 이와 같은 삶의 경험들이다.

●

　　　　　장애연극인들이 무대에 있는 것만으로 새롭다고 느껴버리는 사람들이 있거든요. 두 번 보면 새롭지 않을 거잖아요. 그래서 존재 자체, 몸 자체가 새롭다는 이유로 예술이라고 생각하면 안 되는 것 같아요.

　그런데도 자꾸만 장애연극인들한테 새로운 걸 요구해요. 우리가 하는 건 새로운 게 아닌데. 다 했던 것들을 우리 몸에 맞게 다시 하는 거죠. 어떤 새로운 것도 어느 정도 모방에서 비롯되는 거고, 저는 그게 나쁘다고 생각하지도 않아요. 물론 그런 건 있죠. 사실 우리는 적응하는 데는 따라올 자가 없는 사람들이거든요(웃음).

　그래서 너무 잘 적응해버릴까 봐, 너무 적응을 잘해서 자기 자신을 잃어버릴까 봐 걱정되는 건 있어요. 나는 이렇게 해야 편하고 나에게 맞는데, 그런 걸 그냥 지나칠까 봐. 이런 얘기 하면 또 꼰대 같다고 할 텐데. 하하하.

　그래서 자기 몸과 정체성을 잘 지켜가면서 하는 게 중요해요. **결국 장애연극이란 게, 연극에 대한 아무런 전문 교육도 받지 않은 사람들이 자기들만의 무대를 만들어가는 과정과 그 결과인 거잖아요.** 그래서 저는 당사자들이 더 많이 연극을 하고 연구도 해야 한다고 생각해요. 예술성도 거기서 찾아야 하는 거고요. 인정하든 말든 끝까지 자기 예술을 한다 생각하고 가는 거죠.

○

수년 전 지수 씨는 단원들과 연극 한 편을 보고 나와 밤늦도록 함께 술잔을 기울인 적이 있다. 한 배우가 유독, 공연이 너무 좋았다고 하면서도 굉장히 우울해했기 때문이다.

말이 중요한 연극이었다. 모든 등장인물이 어마어마하게 많은 대사를 소화해야 했다. 그 배우는 말할 때 발생하는 경직이나 떨림, 자연스러운 말막힘과 관련한 자신의 언어장애를 정확히 자각하고 있었고, 주어진 대사를 하는 데 필요한 자기만의 시간과 속도 또한 분명히 인식하고 있었다. 그래서인지, 아마 자신은 평생 저런 공연을 할 수 없으리라 생각했던 것 같다.

지수 씨는 그와 함께 장애인 극단이 어떻게 연극을 해야 하는지 오래도록 이야기를 나누었다고 했다. 저렇게 똑같이 할 수는 없을 터였다. 그렇다고 저런 걸 못하겠지, 라고 생각하는 게 아니라 어떻게 하면 각자의 방식으로 그것을 표현할 수 있을지 고민해야 했다. 대사를 줄이되 다른 감각과 움직임을 활용하고, 장애배우의 표현을 통해 더 깊은 사유와 정서를 전달하는 방식도 있을 거라고 믿었다.

그 배우를 처음 만났을 때, 나는 그가 이미 자기 말하기의 고유성 안에서 독특한 연기 방법론을 개발해가고 있다는 인상을 받았다. 나중에 알았지만, 그는 자신의 언어장애를 좋아했다. 그리고 연기할 때 자신의 장애를 "애용"한다고 말했다.

그러나 아무리 장애연극인들이 자기 표현을 시도한다고 해도, 사회 전반의 인식을 바꾸어가는 건 쉽지 않은 일이다. 지수 씨는 몇 년 전 배리어프리 전문 업체에 공연에 쓰일 자막과 음성해설을 의뢰했던 일화를 들려주었다. 업체는 뇌병변장애를 가진 배우가 무대에 등장하는 장면을 "배우가 비틀비틀 걸어 들어온다."라고 해설해놓았다.

그 배우만의 고유한 걸음걸이를 모르는 이들에게는 "비틀비틀"이라는 표현이 강한 충격에 휩싸이거나, 술에 취해 몸을 가누지 못하는 인물을 떠올리게 할 수도 있었다. 좌우 대칭이 맞고 균형 잡힌, 모든 것이 통제되는 몸과 그 몸의 움직임을 기준으로 삼으면, 이처럼 장애배우들의 연기는 부지불식간에 편견을 반영한 시선으로 해석되고 만다.

지수 씨는 그날 이후 한참 동안, 어떻게 하면 장애배우의 몸과 움직임을 관객들에게 잘 전달할 수 있을지를 고민했다. 그리고 얼마 지나지 않아 단원들과 함께 자신만의 언어로 몸의 기본값을 찾는 워크숍을 진행하기 시작했다. 오랜 시간 서로를 지켜본 동료들은, 장애가 있는 몸을 "통제가 되지 않는다.", "균형이 맞지 않는다."와 같은 단순하고 부정적인 표현으로 피드백하지 않는다. 그 대신 몸의 오른쪽과 왼쪽이 어떻게 다른지, 움직임의 방향성과 크기를 상세히 설명한다. 그리고 그것이 당사자 배우에게는 매우 자연스럽게 균형이 맞춰진 상태라는 것을 함께 발견해낸다.

이 리서치 작업을 함께하면서, 나는 우리가 사용하는 언어 자체가 얼마나 비장애중심적인지를 다시 한번 확인했다. 우리는 균형의 반대말로 불균형을 사용하고, 대칭의 반대말로 비대칭을 사용한다. 기준은 '균형'과 '대칭'이다. 그러니 당연히 예측 가능하고 안정적인 상황이 이상적인 것으로 받아들여질 수밖에 없다.

표준국어대사전은 '불균형'의 뜻을 "어느 편으로 치우쳐 고르지 아니함"으로 풀이한다. 몸의 여러 관절이 서로 다른 방향을 향해 있고, 오른쪽 부위와 왼쪽 부위의 높낮이 혹은 길이가 다를 때 우리에겐 이 몸을 긍정적으로, 아니, 적어도 가치 중립적으로 표현할 수 있는 간명한 언어조차 없다.

내가 이런 현실에 좌절하고 있을 때 지수 씨는 해부학 서적을 보면서 자기 몸을 새롭게 관찰하는 방법을 익혀가고 있었다. 얼마 전에는 목 아래에서 골반 위까지 자신의 상체가 인간의 위장 모양을 닮았다는 걸 발견했다며 한참을 깔깔댔다. 지수 씨의 이런 유쾌한 발견이 언젠가 또 다른 연극으로 만들어질 날을 기다린다.

○

어쩌면 지금 한국의 장애연극이란, 온전히 장애연극인 당사자들이 스스로 찾아낸 창조성에 빚지고 있는 개념일지 모른다. 극단 애인의 배우들은 창단 때부터, 비장애 배우의 연기를 흉내 내지 않는 것을 원칙으로 삼았다. 이들은 예술가로 성장하기 위해 어떠한 전문 교육도 받을 수 없었지만, 오랜 세월 관객과의 만남을 통해 자신에게 유효한 지식과 기술을 축적해왔다. 모든 예술가들이 그러하듯이, 장애연극인들에게도 근원적인 창작 욕구가 있고, 더 좋은 작업으로 더 많은 관객과 소통하고 싶은 바람이 있다.

지수 씨는 장애가 세상을 바꾸는 조건이라고 말하지 않았던가. **장애연극인들은 획일화된 미의 개념에 문제를 제기하고, 다양한 몸을 긍정하며, 그들의 시선과 목소리를 통해 사회의 인식을 전환해왔다.** 다만 이제까지는 그러한 예술을 기술할 수 있는 언어가 없었을 뿐이다. 비장애 규범의 관습적 표현에 기대지 않는 언어, 지수 씨는 지금 그런 말들을 찾아가고 있다.

서사

장애배우들은 무대에서 무엇을 보여주고 싶을까. 극단 애인 단원들이 워크숍에서 각자 원하는 것의 목록을 만들어보기로 한 날이었다.

지수 씨는 복수, 욕망, 증오, 몸싸움, 퇴폐, 살인의 감정을 느낄 때, 몸 자체를 드러내기, 상상력, 댄스 같은 것들을 적었다. 모두들 한편으로는 놀라고 통쾌해했으며, 다른 한편으로는 직접 해보고 싶다, 혹은 그런 연극을 보고 싶다며 적극적인 지지와 동의의 반응을 보냈다.

상상해봤다. 복수하고 욕망하는 지수 씨의 표정과 말과 제스처. 우리는 왜 그런 연기를 하는 장애배우를 한번도 본 적이 없을까. 영화나 드라마에서 접할 수 있는 장애인 캐릭터는 뻔했고, 자기 서사를 가지기보다는 중심인물의 서사를 돕는 도구로 쓰이는 경우가 많았다. 대중매체가 장애인을 무기력한 희생자나 영감을 주는 영웅, 그것도 아니면 사악한 악당으로 그려온 역사를 우리는 어떻게 이해해야 할까.[*] 어린이들은 〈피터팬〉의 후크 선장 캐릭터를 보면서 장애에 대한 이미지를 학습한다.

지수 씨의 목록과 재현의 관습 사이는 멀었다. 거기에는 분명, **우리가 여전히 오해하고 있는 것들, 꿈꿔보지 않은 것들**이 있었고, 반드시 뜯어고쳐야 하는 많고 많은 것들이 있었다. 나는, 눈앞에서 벌어지는 너무나도 진짜인 사건인 동시에 언제든 대놓고 가짜임을 밝힐 수 있는 연극 무대의 특별함에 대해 생각했다.

[*] 김은정은 《치유라는 이름의 폭력》 (2022)에서 일제 강점기부터 현대에 이르기까지 여러 소설과 영화, TV 프로그램을 분석하면서 한국 사회에서 장애가 어떻게 '치유'되어야 할 것으로 대상화되었는지 논한다. 소설 〈백치 아다다〉, TV 다큐멘터리 〈엄지공주 엄마가 되고 싶어요〉, 영화 《꽃잎》 등 수많은 작품이 그 사례로 소환된다. 한편 〈크리스마스 캐럴〉의 팀, 〈노트르담의 꼽추〉에 등장하는 콰지모도에서부터, 영화 《나의 왼발》 크리스티 브라운, 《포레스트 검프》의 포레스트 검프, 그리고 저 유명한 캐릭터 조커까지, 서구 문화권에서도 장애를 가진 매우 다양한 인물들이 희생자나 악당, 영웅으로 재현되어왔다.

예를 들어 무대에서 희생자, 영웅, 혹은 악당 캐릭터를 연기하던 배우가 어느 순간 갑자기 역할로부터 빠져나와 말없이 관객들과 차례로 눈을 맞춘다면? 단지 배우가 시선의 방향을 바꾸는 것만으로도 **재현**을 지탱하던 장치는 무너진다. 아까의 그 캐릭터와 이 배우 사이에는 어떤 연결 고리가 있는 거지? 기존의 재현 관습을 무너뜨리는 동시대 연극의 미학적 실천 사례는 다양하다. **부술 수 있는 경계 앞에서, 부술 수 있는 힘을 가진 장애연극인들에게 무대란,** 내가 알고 있던 것보다 훨씬 더 무궁하고 풍성한 세계가 될 수 있을 것 같았다.

이런 생각의 연장선상에서 나는 몸 그 자체를 드러내고 싶다는 지수 씨를 응원한다. 오래도록 의료 전문가들에게 연구 대상이 되어왔던 몸, 한때는 사람들의 오락과 유희를 위해 프릭쇼freak show*의 구경거리로 전시되었던 몸, 이제 트랜스휴머니즘transhumanism**의 논리에 따라 과학기술의 발전을 홍보하는 도구가 되는 몸. 그러면서도 일상에서는 너무 무례하다고 느껴져 감히 바라보는 것조차 조심스러워지는 그 몸들. 그렇게 파편화되고 대상화된 몸들의 이야기를 재현이 아닌 방식으로 제시

* 1800년대 중반에서 1900년대 중반까지, 거대한 문화 산업으로 발전한 프릭쇼는 소위 '정상성'에서 벗어난 몸들을 대중 앞에 전시했다. 로즈메리 갈런드 톰슨의 책 《보통이 아닌 몸: 미국 문화에서 장애는 어떻게 재현되었는가》(2015)는 '기형인간쇼'라는 번역으로, 그 역사와 구체적 사례들을 제시하고 의미를 추적한다. 그에 따르면 구경거리로서의 그 몸들은 관객의 공통된 정체성을 확인시켰다. 그러나 20세기 중반 의료화 모델이 등장하면서 장애는 더 이상 진기한 것이 아니라 치료받아야 마땅한 것이 되었고, 프릭쇼라는 산업도 점차 쇠퇴해갔다.

** 트랜스휴머니즘은 과학기술을 이용해 인간의 불완전함을 극복하려는 사상이자 운동을 이른다. 기술은 분명 인간의 주어진 조건을 개선하는 데 도움이 되지만, 트랜스휴머니즘의 논리는 지금, 여기를 살아가는 장애인들의 삶을 누락시킨다. 김초엽은 《사이보그가 되다》(2021)에서 보청기를 통해 소리를 듣게 된 청각장애인이나 로봇 다리를 착용하고 일어나 걷는 지체장애인을 등장시킨 광고를 사례로, 그러한 기획의 한계를 지적한다.

할 수 있지 않을까. 어떤 맥락도, 상황 설정도 없이 빈 무대에 놓인 몸의 현존, 바로 그것으로부터 써 내려갈 수 있는 새로운 서

사가 있지 않을까.

연극 배우에게 몸이란, 삶의 흔적을 반영한 가장 원초적 매
체이자, 일상의 습관적 지식과 경험이 축적된 강력한 표현의 도
구다. 관객은 눈앞의 배우를, 예술의 매체이자 도구이며 창작의
결과물인 그 몸의 수행을, 어떤 관점으로 바라봐야 하는지 결정
해야 한다. 나는 바로 여기서 발생하는 긴장이, 우리 사회의 견
고한 비장애중심주의에 균열을 내는 촉매제가 될 수 있을 것이
라 믿는다.

○

쓰고 보니 주로 부정적인 감정이었다는 지수 씨
의 목록. '지수 씨가 보여주고 싶은 장애인의 모습'과 '장애에
대한 부정적 이미지를 생
산하는 재현'은 어떻게 다
른 걸까. 나는 고전적인
배우 훈련법이 어떻게 장
애를 스테레오타입화해왔
는지 분석하는 연구가 떠
올랐다.*

연구에 따르면, 근대 서
구에서 만들어진 수많은

* Carrie Sandahl, "The Tyranny of Neutral:
Disability & Actor Training" in *Bodies in
Commotion*, University of Michigan Press,
2005. 저자는 이 연구에서 근대 유럽과
영미권의 다양한 연기론을 분석하면서,
비장애 배우를 위한 훈련법이 장애를
가진 배우를 얼마나 무력하게 만드는지
비판한다. 현재 한국의 대학이나 아카데미
프로그램 등에서 연기 수업의 교재로
쓰이는 대부분의 자료들도 이런 서구 근대
연기론의 계보를 따른다.

연기론은 대개 배우의 몸과 마음이 긴밀하게 연결된다고 가정했다. 말하자면, 배우가 인물의 내적인 상태로부터 신체적 특징을 발전시키거나, 거꾸로 특정한 외형을 만들어 원하는 심리 상태에 도달할 수 있다는 것이다. 이러한 연기론은 특히, 배우 신체의 비대칭과 불균형, 나아가 통제를 벗어난 떨림이나 긴장 같은 것을 포착함, 무력감, 절망, 히스테리 등의 내면에 연결하는 것으로 발전해갔다.

이런 전형적인 재현이 주류 문화 생산물들에서 반복적으로 나타났다. 무기력하거나 영감을 주거나 사악하거나, 그 어떤 경우에도 장애는 캐릭터를 강조하는 도구로 기능하는 데 그쳤다. 캐릭터를 구축할 때 실제 장애인들의 삶과 시선, 목소리가 반영되는 일도 없었다. 그도 그럴 것이, 장애가 있는 몸이 이미 부정적인 내면에 대한 충분한 은유가 되는데, 다른 서사가 왜 필요하겠는가.

하지만 지수 씨는 그런 부정적인 감정을 이야기하면서도, 무언가 구체적인 상황들을 상정하고 있었다. 그리고 거기엔 몸 그 자체가 감정과 상응한다는 저 오래된 재현의 관습을 무력화하는 서사가 있었다. 장애가 있는 사람은 어디서 복수의 감정을 느끼고 어떻게 그것을 실행할까, 저 사람 한 대 때리고 싶다는 생각이 들 때는 어떻게 몸으로 싸울 수 있을까. 당신은 상상할 수 있는가?

물론 그건 장애, 비장애를 떠나 일상의 흔하디흔한 순간들에 관한 것일 수도 있고, 어쩌면 이미 너무 많은 창작자들이 극적인 서사의 모티프로 활용해온 진부한 재료일지도 모른다. 그러나 지수 씨의 관점으로 그 서사가 전개될 때, 그것이 제기하는 문제는 결코 간단치 않다. 이는 어떻게 예술이, 장애를 가진 이들을 맥락 없는 희생자, 영웅, 악당으로 그려내던 무책임한 역사와 단절할 수 있느냐에 관한 것이다.

●

장애를 가진 인물들이 나왔던 작품 중에 좋았던 것들… 살기 위해 최선을 다하는 존재들이 나오는 작품들, 장애 때문에 울지 않는 사람들? 물론 눈물 나는 이야기, 드라마틱하죠, 먹히는 이야기일 거고. 그런데 저는 왜 장애를 가지고 눈물 나게 하나, 그거 말고도 재밌는 얘기들 되게 많을 텐데, 그런 생각해요. 아, 물론 저는 많이 울죠(웃음). 아니, 안 울고 살 수 없죠. 근데 우는 게 중요한 게 아니라 어떻게 살아가느냐를 봐야 하는 거잖아요. 우는 건 순간인데 우리는 자꾸 눈물에만 집중하니까.

아직도 많은 사람들이 장애를 불행이라고 생각하고, 장애 당사자들 중에도 장애가 없었으면, 하고 생각하는 사람들이 있어요. 저는 지금도 늘 얘기하지만, 다음에 다시 장애인으로 태어나도 괜찮고, 장애를 없앨 수 있는 알약이 있다고 해도 안 먹을 거라고. 그런데 또 "그래서 너는 정말 걷고 싶은 마음이 없어?" 하고 물어보면 "난 절대 걷고 싶지 않아."라고 말할 수는 없는 마음이 있어서, 어려운 문제이긴 한데요.

사실 무대에서 장애를 가진 배우가 연기를 할 때 관객이 감동을 받고, 눈물을 흘리고, 슬픔에 젖고, 이런 건 각자 장애에 대해 가지고 있는 생각이나 어떤 경험치 같은 것들에 많이 좌우된다고 생각해요. 그런 면에서 보면, 적어도 무대에서는 장애를 불행으로 얘기하지 않았으면 좋겠다는 거죠. 예를 들면, 내가 받은 상처에 대해 이야기하는 작품을 만들 수 있어요. 근데 그래서 내가 슬펐어, 하고 끝내는 게 아니라, **다시 그전으로 돌아가지 않기 위해서** 그런 작업을 한다고 생각하는 거예요.

저희 극단도 주로 경험에 기반한 이야기를 많이 했고, 꼭 내 이야기가 아니더라도, 나의 관점, 가치관 같은 것들이 드러나는 작업들을 해왔는데요. 어쩌면 누군가가 보기에 당사자들의 이야기도 나올 만큼 다 나왔다고 생각할 수 있을 것 같아요. 그래서 한편으로는 이제 더, 당사자의 자기 이야기를 넘어, 당사자가 바라보는 세상에 대한 이야기를 구체적으로 해야 하는 시기인 것 같기도 하고요.

앞으로 더 많은 비장애 작가나 연출가들이 장애연극에 관심을 가지고 장애배우들과 함께 작업하게 될 수도 있을 텐데요. 저는 그런 와중에도 장애 당사자들이 시도하고 싶은 것들을 놓치지 않아야 한다고 생각해요. 그러니까 저희 극단도 배우들이 다 직접 쓰고 연출하는 작업들을 계속하고 있는데, 요즘 흐름을 보면, 한편으로 배우들이 경험의 폭을 넓히고 협업의 기회들을 만들어가는 게 반가워요.

그런데 다른 한편으로는 그러면 이제 배우들은 다시 배우의 자리에 머물게 되는 건가? 장애연극이 다시 비당사자들에 의해 만들어지는 예술로 가게 되는 건가? 그런 생각 때문에 좀 복잡해요. 그냥 저의 노파심일 수도 있는데요. 장애 당사자들이 좀 더 생각하고, 한계가 있더라도 계속 시도해보는 연극들이 있었으면, 하는 아쉬움이 있는 거죠. 먼저 장애 당사자들이 자신이 보는 세상에 대해 충분히 얘기하고, 그걸 함께할 수 있는 비장애 연극인들과 작업하는 환경은 어떻게 만들 수 있을까, 그런 생각하고 있어요.

○

당연하지만 나는 장애 당사자들이 경험하는 세상을 다 알지 못한다. 다만 내가 분명히 말할 수 있는 것은 **우리가 이제껏 가져본 적 없는 장애연극이 있다는 것** 정도다. 그러나 나는, 당장의 현실에 좌절하기보다는 마침내 만들어질 '장애서사'에 대해 상상한다. '여성서사'를 이야기할 수 있게 되기까지 얼마나 많은 여성 창작자들이 고군분투해왔는지, 그리고 그 이야기들이 어떻게 세상을 바꾸어가고 있는지 생각하면서.

장애를 가진 이들이 공적인 영역에 등장하지 못한 역사는 너무나 길고, 그만큼 그 삶의 이야기는 주변화되어 당사자가 아닌 이들에 의해 왜곡된 모습으로 그려져 왔다. 따라서 장애를 가진 당사자들이 글을 쓰고, 연출을 하고, 창작에 참여한다는 것은 단순히 그들의 이야기를 가시화하는 것을 넘어, 새로운 서사의 관습을 만들어내는 일이 될 수 있다. 무언가를 선망하여 그에 편입되고 싶어 하는 개인들의 극복 스토리를 반복하는 게 아니라, 그러한 질서와 규범의 정당성을 심문하고 무너뜨리는 그런 작업 말이다.

나는, 지금 이 순간에도 더 많은 사람들과 만날 날을 꿈꾸며 새로운 서사의 관습을 만들어가고 있을 장애인 창작자들이 존재한다고 믿는다. 사회문화적으로 구성된 장애를 드러냄으로써 대항서사를 만들고자 하는 실천, 그리고 존재에게 허락된 보편적 욕망을 그리려는 시도. 이것은 둘 중 하나를 취하고 다른 하나를 버려야 하는 선택의 문제가 아니다. 인간 실존의 험난함을 이야기하는 동시에, 우리 사회의 비장애중심주의를 성찰하는 서사. 지수 씨와 함께 그런 연극을 만들 날을 꿈꾼다.

지성　고등학교 2학년 때부터 배우가 되고 싶었어요. 제 유일한 친구
　　　인 TV에서 배우들은 항상 멋있거든요. 아는 형을 통해서 극단
　　　에 들어왔어요. 연기할 수 있는 곳이 필요해서요. 사실 저한테
　　　장애연극이나 장애인 극단은 중요하진 않아요. 그냥 연기하고
　　　싶어요.

정식　전 무대에서 연기할 때 중요한 사람이 되는 것 같아요. 할 수
　　　있는 사람이요. 사실 연극하는 건 저한테 어려워요. 말을 하는
　　　것도, 사람을 만나는 것도. 그리고 열심히 했는데 사람들이 절
　　　안 볼 때도 있으니까요. 그래도 또 하게 돼요. 유일하게 꿈꿀
　　　수 있는 시간이니까요.

희철　당당함. 평소에 전 당당하다고 하지만 우린 항상 장애를 느끼
　　　게 돼요. 그런데 공연이 시작되면 아무도 우리를 터치하지 못
　　　하잖아요. 온전한 내 시간, 우리 시간이죠. 실수를 하건 말건,
　　　장애가 있건 없건, 장애가 드러나건 말건.

우람　나만의 표현이요. 사진을 찍으면서 나만의 것이 있다는 걸 알
　　　게 됐어요. 내 모습을 드러내면서. 그리고 연극을 하면서 더 강
　　　하게 느껴요. 내가 있구나.

예슬　전 장애인은 아니지만, 청소년기에 사회와 단절된 시간이 있었
　　　어요. 그때 극단 애인을 만났어요. 사람들과 연극을 보러 다녔
　　　죠. 계속 보다 보니까 어느 순간 하고 싶어졌어요. 그래서 했
　　　는데 재밌더라구요. 그래서 앞으로도 재미있게 연극을 하려
　　　합니다.

지수　"연극은 시대의 정신적 희망이다." 제가 좋아하는 말이에요. 제

131

가 꿈꾸는 희망은 다양한 생각과 이야기가 존중되는 것입니다. 그래서 하고 싶고, 해야만 하는 이야기를 찾고, 고민해야겠죠. 연극은 그런 희망이자, 바람의 공간인 것 같습니다. 끊임없이 꿈꾸게 했고, 세상 속의 나를, 우리를 확인하는 시간이자 공간. 2007년에 극단을 만들었습니다. 그리고 2009년 첫 정기 공연을 시작으로 매년 한두 편의 공연을 올리고 있습니다. 각자가 생각하는 연극과 극단의 의미는 다르지만, 우리에게 있어 연극은 나를, 우리를 찾아가는 언어이자 과정입니다. 그 언어가 정교하거나 대단히 새롭진 않습니다. 그럼에도 나를 위해, 우리를 위해, 그리고 여러분과 만나기 위해 우리는 연극을 합니다. 그리고 오늘 이렇게 만났네요.

지성 나는 하지성입니다.
희철 나는 강희철입니다.
우람 나는 백우람입니다.
정식 나는 한정식입니다.
예슬 나는 강예슬입니다.
지수 나는 김지수입니다. 그리고
다같이 우리는 극단 애인입니다. 만나서 반갑습니다.

우람이 배우들, 관객들의 단체 사진을 찍는다.
이 사진은 관객들이 나갈 때 영상으로 보여진다.

연극 보러 가서 묘하게 기분 나쁠 때가 있는데, 비장애인은 멋진 역할이고 장애인은 그저 그런 역할인 거죠. 우스꽝스러

운 역할을 맡기거나. 그러니까 배우가 성장을 못 하지, 하는 생각도
들고요.

장애를 떠나서 해보고 싶은 역할이라면, 트랜스젠더. 트랜스를 하
고 싶은 장애인은 없을까? 깊이 들어가면 많은 게 있을 것 같아요.
안 하는 건가, 못 하는 건가, 혹은 사회적으로 의미가 없는 건가, 장
애인을 젠더로 보지 않기 때문에? 이런 궁금증 때문에 이야기를 해
보고 싶기도 한데 그 정체성이 없어서 그런 이야기나 역할을 한다는
것이 위험할 수도 있다는 두려움이 있어요. 비장애 배우들도 그런
생각하면서 장애가 있는 인물을 연기하겠죠?

한편으로는 하고 싶은 역할에 대해서 생각해보는 것 자체가 해보
지 않은 일인 거예요. 어떻게 보면 어린 시절의 장애와 연결이 되어
있을 수 있는데, 내가 무엇이 되고 싶냐가 아니라 장애를 가진 내가
무엇을 할 수 있냐를 더 세뇌받고 자라니까요. 역할도 마찬가지인
것 같아요. 예를 들어 '의사'라고 하면 난 할 수 없다, 하는 생각이
먼저 드는 거죠.

◇ 극단 애인에서는 2015년 단원들의
자기 이야기를 토대로 이 공연을
만들었다. 강예슬. 강희철. 김지수.
백우람. 하지성. 한정식 등 6명이
작업에 참여했으며. 극단 애인과 오래
호흡을 맞춘 연출가 이연주가 단원들의
글쓰기를 토대로 공연 대본을 구성했다.

5막

너무나 강력한 힘으로 사로잡는

시간

지수 씨를 처음 만난 것은 2019년이다. 지금은 2022년, 그와 이야기를 나누고 연극을 하면서 이 책을 써 나가는 동안, 3년이 흘렀다. 지수 씨가 연극을 해온 역사에 비추어 보면 그렇게 긴 시간이 아닌데, 그사이 장애연극을 둘러싼 연극계 지형이 급변해서인지 돌이켜보면 정말 엄청난 격동의 시기를 통과해온 느낌이다.

2019년 6월 처음 지수 씨와의 구술생애사 인터뷰를 마치고, 앞으로 5년에 한 번씩은 이 작업을 계속해야겠다고 생각했었다. 지수 씨의 이야기를 통해서, 한 장애예술인의 생애와 사회가 어떻게 관계 맺으며 변화해가는지, 그 흐름을 기록할 수 있을 것 같았기 때문이다. 그러나 2020년 5월 나는 지수 씨를 한 번 더 만나야 했다. 그 1년 사이, 지금 무슨 일이 벌어지고 있는 것인

지 미처 숨 고르고 생각해볼 틈도 없이, 장애연극에 대한 관심
이 급증하면서 온갖 이야기들이 어지럽게 쏟아져나왔다.

그리고 2021년 4월, 정신을 차려보니 우리는 다시 테이블 앞
에 마주 앉아 1년 전, 2년 전에는 미처 예상하지 못했던 또 다른
연극 이야기를 나누느라 오랜 시간을 보냈다. 장애연극인들과
관계 맺는 방식에 따라 내가 감각하는 현실이 달라져서였을까.
거리를 둔 관찰자였을 땐 주로 외부의 자극이 지수 씨에게 어떤
영향을 미치는지 살피느라 바빴다. 하지만 함께하는 시간이 늘
어가면서 나는 지수 씨가, 그리고 장애연극인들이, 세계를 향해
어떤 반향을 만들어내고 있는지를 발견한다.

○

지수 씨가 연극하는 걸 지켜보던 첫 한두 해 동
안 내내, 나는 장애연극인들이 무언가 과도한 요구와 기대 사
이에 놓여 있다는 생각을 떨쳐버릴 수가 없었다. 이를테면 장
애예술을 취미와 치료, 운동이라는 관점에서 바라봤을 때 그들
은 아마추어이자, 환자이자, 투사이길 요구받았다.

'요구'라는 말이 과장된 해석처럼 들릴 수도 있을 것이다. 그
러나 그들을 전문 예술인으로 바라보지 않는다는 것은, 그들이
다른 위치에서 다른 정체성으로 존재하길 요구하는 것과 다르
지 않다. 물론 그들에게 좋은 연극을 기대하는, 즉, 전문 예술인

으로서 그들의 활동을 지켜보는 시선도 없지 않았다. 그러나 그 기준은 대개 비장애 관습의 연극 미학이었고, 해외 장애예술의 사례였으며, 불평등한 교육과 창작의 조건은 쉽게 간과되었다. 단기간에 관심이 집중되다 보니 정신없이 이슈를 만들어 공유하기 바빴고, 막상 현장의 장애연극인들이 어떤 실천을 해왔는지 긴 호흡으로 들여다보는 일에는 무관심했다.

나 또한, 그런 요구와 기대를 형성하는 데 적잖이 일조했을 것이다. 그러니 지수 씨가 어떻게 연극을 해왔는지, 사회가 그것을 어떻게 바라봐왔는지 살펴보는 일은, 그간 내가 저지른 오류와 실수를 성찰하는 일이 될 수밖에 없다.

○

연극 현장에서 장애연극에 대한 관심이 급증한 것은 2018~2019년 무렵이다. 물론 그 이전부터 꾸준히 활동해온 몇몇 장애인 극단들이 있었고, 그중 극단 애인은 꽤 이름이 알려진 곳 중 하나였다. 내가 알기로 극단 애인은 소위 잘 나가는 비장애 연극인들과 협업하는 극단, 젊은 연극인들이 주로 참여하는 연극제의 경연대회에서 〈고도를 기다리며〉로 큰 상을 받은 극단이었다.

장애연극에 대해 이런저런 글을 쓰는 지금 이 상황이 몹시 무색하게도, 당시 나는 딱 저만큼의 빈곤함으로 극단 애인을 설명

할 수 있었다. 처음 그들의 공연을 본 것도 2017년, 창단 10주년
이 되었을 때다. 나는 지수 씨가 극단을 창단하던 2007년 당시
연극 전문 잡지 기자로 일하고 있었고, 그 이후에도 줄곧 창작
과 연구를 오가며 수많은 연극을 접하고 연극인들을 만나왔다.
그러니 내가 장애연극인들을 현장의 창작자로, 동료로 인식하
지 않았던 세월이 얼마나 길었던 건지.

나는 정확히, 지수 씨가 가장 원하지 않는 방식으로 극단 애
인을 인식하고 있었다. 앞서도 이야기했지만, 지수 씨는 단지
장애인 극단이라는 이유로 외부의 도움 없이는 아무것도 못 하
는 단체로 여겨지면 안 된다고 생각했다. 그래서 매주 모여서
스터디를 하고, 배우로 시작했던 단원들 모두가 쓰고 연출하는
훈련을 해왔다. 창단 이후 쉬지 않고 올린 공연 중 비장애 연극
인들과 같이 만든 작업은 손에 꼽는다.

하지만 극단 애인이 비장애 연극인들과의 협업에 의지한다
는 현장의 편견은 오래도록 지수 씨를 따라다녔다. 장애인 극단
고유의 실천을 궁금해하는 이들이 조금씩 늘고 있지만, 지금도
여전히 다음 작업은 누구랑 하는지를 먼저 질문하는 사람들이
많다.

지수 씨가 수상에 대해 크게 의미를 두지 않는 것도 같은 맥
락이다. 그는 어떤 기준으로 심사를 했는지가 중요하다고 얘기
했는데, 그도 그럴 것이 극단 애인이 〈고도를 기다리며〉라는 작
품으로 처음 상을 받았을 때 심사평은 이런 식이었다. "이 작품
은 출연자 전원이 장애인임에도 연극의 진정성을 보여주었다.

장애인들이 정상인도 소화하기 어려운 텍스트를 소화하여 참가 작품 중 가장 높은 점수를 받았다. 이런 역설적 현상은 연극의 사회적 기능을 점점 잃어가고 있는 요즈음 한국 연극의 현실에 대한 반성과 성찰을 촉구하는 계기가 될 것으로 보인다."

심사평 한 마디 한 마디가 정말이지, 우리 사회의 비장애중심주의를 너무나 낯 뜨겁게 드러낸다. 하지만 장애연극인들의 작업에 대한 평가는, 앞으로도 오래도록 그 합의의 기준을 찾기 쉽지 않을 것이다. 전통적이고 관습적인 비장애 규범의 미학을 문제 삼는 목소리들이 힘을 얻는 것도, 다양한 장애연극인들의 작업으로부터 새로운 미학을 발견해서 축적해나가는 것도, 진득한 시간이 필요한 일이기 때문이다.

○

장애예술이란 무엇일까. 장애 당사자가 참여하는 것? 장애와 관련한 이야기를 다루는 것? 장애인 관객과 감응하는 것? 어쩌면 장애예술이라는 별도의 분류가 딱히 필요 없는 건 아닐까.

내가 극단 애인과의 작업을 제안받았던 2019년 초, 한국 연극은 막 그런 고민을 시작한 참이었다. 2015년 출범한 한국장애인문화예술원이 서서히 자리를 잡아가면서, 장애예술인 지원 프로그램을 운영하는 것을 넘어 장애예술이 무엇인지에 대한 논의를 구체적으로 시작하던 시기였다.

그렇다고 내가 딱히 장애예술에 관심을 두고 있었냐면, 그건 아니다. 오히려 그때 나는 '연극 무대와 당사자의 자기 이야기'를 주제로 석사 논문을 쓴 이후, 연극과 당사자성에 대한 고민을 어떻게 더 이어가야 할지 몰라 방황하고 있었다.

내 궤적도 장애연극의 변화라는 흐름 안에 놓여 있었다고 말할 수 있으려나. 하지만 그 의미는 어느 정도 시간이 지난 후에야 비로소 회고적으로 구성될 수 있을 것이다. 나는 다만, 처음부터 내가 장애예술을 기록하고 연구할 작정이었다기보다는 당사자성을 무대화하는 작업에 관심이 있었다는 것, 그리고 아마도 그것이 지수 씨와 극단 애인, 장애연극을 바라보는 관점을 형성했으리라는 것을 말할 수 있을 뿐이다.

○

2019년 처음 인터뷰를 하던 당시 지수 씨는 기로에 놓여 있었다. 극단이 안정적인 활동을 해나갈 수 있는 일정 궤도에 들어선 것에 마음을 놓으면서도, 한편으로 조심스레 앞으로 나아가야 할 방향을 가늠하는 듯 보였다.

그 전해 극단은 쉬지 않고 여러 편의 공연을 연달아 무대에 올렸다. 그만큼 극단 애인을 찾는 곳이 많았고 단원들은 계속되는 강행군에도 책임 있게 무대를 지켰다.

이곳저곳을 전전하지 않고 언제든 편하게 모일 수 있는 극단 연습실을 마련했고, 새로 운영되는 다년간 지원 프로그램에도 선정되었다. 이에 따라 장기적인 역량 강화 계획을 세울 수 있었고, 단원들 각자가 원하는 방식으로 1인 창작을 할 수 있는 기반을 만들어나갈 논의를 하고 있었다. 제도적으로 연극을 공부하거나 훈련할 수 있는 가능성을 거의 원천적으로 차단당한 이들에게, 이러한 환경은 커다란 동기를 부여하는 것 같았다.

하지만 동시에 지수 씨는 장애연극에 이목이 쏠리는 현실의 변화도 매우 민감하게 받아들이고 있었다. 배리어프리 공연이나 접근성 문제와 관련해 자문하는 사람들도 갑자기 늘어났는데, 아무런 준비 없이 와서 무례하고 불쾌한 요청을 하는 경우, 도대체 장애연극인한테 기대하는 역할이 어디까지인 건지 종잡을 수가 없었다.

지수 씨는 어느 공공기관에서 발행하는 연극 전문 웹진의 편집위원 활동도 막 시작한 터였다. 자신은 없었지만, 꾸준히 활동해온 장애연극인이 한 매체의 편집위원이 된다는 것의 의미를 생각하면 무턱대고 거절할 수만도 없는 노릇이었다. 장애연극인들의 존재와 활동을 알리고 다음 세대를 위한 자리를 마련하는 것도 자신이 해야 할 일이었다.

주변에서는 물 들어올 때 노 저어야 한다고들 했다. 하지만 지수 씨에게 그것은 어렵고도 힘든 일을 도맡아 해야 한다는 걸 의미했고, 때로는 그 모든 게 구색 맞추기나 일시적인 관심처럼 느껴지기도 했던 것 같다. 단원들과 함께 공연을 보고 대학로에서 술을 마실 때조차 알아보는 사람들이 많아지니, 괜스레 행동에 제약이 생기는 것 같았다.

그러한 변화들을 그간의 활동과 장애연극에 대한 인정으로 해석할 수는 없었던 걸까. 지수 씨는, 조금은 단호하게, 아니라고 대답했다. 극단이 인정받으려면 공연을 보러 오는 사람이 많아야 하는 건데, 막상 애인의 연극을 찾는 사람들은 별로 없었던 까닭이었다.

뜨끔했다. 지수 씨에게 무언가를 기대하면서도, 그러니까 그의 생애 경험을 통해 한국 장애연극의 과거와 현재를 재구성해보고자 그토록 긴 시간의 인터뷰를 요청했으면서도, 나는 지수 씨를 혼란스럽게 하는 상황으로부터 조금도 자유롭지 못했다.

○

그래도 지수 씨는 함께 공연을 만드는 동료로서 내게 너그럽게 시간을 내어주고 그 많은 이야기들을 기꺼이 들려주었다. 나는 지수 씨의 생애사 인터뷰를 토대로 학술 논문을 썼고, 그것을 온전히 나만의 성과로 만들었다는 사실에 내내 마음이 무거웠다. 그렇게 될 줄 모르고 연구를 시작했다고 말한다면 거짓말이다. 그러나 나는 단순히 연구자와 연구참여자 사이로 지수 씨와의 관계를 갈음하고 싶지 않았다.

지수 씨가 내게 열어준 감응의 순간들, 지수 씨와 함께하면서 머물렀던 무수한 배움의 시간들. 그와의 관계 맺기를 통해 내가 찾을 수 있는 호혜성에 대해 생각해야만 했다. **나는 우리 사이에 어떤 상호개입을 만들어낼 수 있을까?**

코로나가 위세를 떨쳐 모두가 집 안으로 숨어들었던 2020년의 봄. 겨울을 지내고 넉 달만에 지수 씨와 마주 앉았다. 극단 애인의 단원들도 창단 이후 처음으로, 벌써 몇 주째 얼굴을 보지 못하고 있었다.

어딜 가나 스스로를 "연극하는 김지수입니다."라고 소개했던 그는, 그렇게 아무것도 하지 못하는 동안 그 말이 입 밖으로 나오지 않더라는 이야기를 해줬다. 그 영향도 있었을 텐데, 그날의 인터뷰에서 지수 씨는 유독 조심스럽게 말을 이어나갔다. 잦은 망설임과 침묵. 지수 씨의 말하기는 이전 인터뷰 때와는 달라도 너무 달랐다.

○

　　2019년, 극단 애인은 두 편의 연극을 통해 이전과
는 상당히 다른, 연극계의 다양한 관계자들을 새로운 관객으로
만났다. 장애예술에 대한 관심이 급증한 만큼 호기심과 기대를
안고 극장을 찾은 이들이 많았던 거다. 그러나 새로운 시도를
평가하는 말들은 무성했지만, 정작 장애연극인들의 실천이나
욕구를 들여다보려는 시선이 없었다는 것에 지수 씨는 낙망하
고 있었다. 특히 장애배우들의 연기에 대해서는 대체로 무어라
말하기 어려워하는 분위기였다. 이제까지와 다른 연극을 만들
기 위해 장애배우들이 각자의 고유성을 어떻게 풀어내려 했는
지, 그 과정에서 어떤 시행착오를 거쳤는지는 아무도 묻지 않
았다.

　연극을 연구하고, 연극에 대해 글을 쓰고, 창작에 참여하는
나 역시, 극단 애인과 함께 작업하기 전까지는 한번도 생각해
보지 않았던 문제였다. 유명한 해외 장애예술인들의 내한 공연
은 챙겨보면서도 막상 현장의 실천들에는 무관심했고, 애인의
배우들과 작업하는 동안에도 그들의 수행에 온전히 집중해보기
전에 동시대 공연미학 이론들을 성급히 적용해 그것을 해석하
려 했던 것 같다.

　왜 그랬을까? 장애연극인들이 놓여 있는 한국 사회의 조건들
을 함께 읽어내는 일이 너무 버거워서 엄두가 나지 않았던 걸
까? 장애배우들의 생애 경험과 연기가 어떻게 만나는지 살피는

것이 '예술적' 해석을 벗어나는 과제라고 판단했던 걸까?

객석과 평단에서는 장애연극인들이 예술가로서 전문성을 길러온 조건들을 고려하지 않았다. 장애연극인들은 새로운 것을 시도하더라도 참조할 수 있는 사례를 직접 찾고 그것을 자신에게 맞는 방식으로 변형시키는 데 많은 시간과 에너지를 써야 했다. 하지만 연극계의 평가는 그들의 속도를 기다려주지 않았다.

장애연극인들의 정체성을 **장애인**으로 환원시켜버리려는 시선, 그들이 으레 장애인 당사자의 이야기를 다룰 것이라는 기대에 대응하는 일도 쉽지 않았다. 우리가 함께 만든 연극은 오늘날 예술가들의 **인정투쟁**을 다뤘는데, 그것을 장애연극인들의 이야기로 받아들이는 이들은 많지 않았다. 장애배우들이 예술가 역할을 연기했으니, 그 연기가 얼마나 일상적이고 구체적인 그들의 경험을 담고 있었겠는가. 하지만 사람들은 왜 **장애**를 주제로 연극을 만들지 않았는지 궁금해했다. 나는 그런 반응들이 불편했다. 어쩌면 누군가는 여전히 장애연극인들을 '장애인의 인정투쟁'이라는 격리 구역 안에 묶어두고 싶은 게 아닐까. 예술가의 인정투쟁이 마치 비장애인들의 성역이라도 되는 것처럼 느껴졌다.

물론 장애를 전혀 의식하지 않고 배우들의 연기 자체로 연극에 빠져들었다는 반응도 없지 않았다. 그러나 이러한 평가도 나에게 마냥 반갑기만 한 것은 아니었다. 과연 장애배우들의 무대에서 **장애라는 고유성**이 그렇게 사라져버리는 게 정말로 괜찮은 걸까. 그렇게 해서 우리 사회에 상존하는 장애에 대한 편견, 장애로 인한 억압을 잊게 만든다면? 그런 호평 속에 장애배우 고유의 탐색과 실천이 그대로 무화되어버린다면?

장애연극인들에 대한 기대는 이전보다 더 다양한 층위를 가로질렀고, 지수 씨는 그 모든 것들에 어떻게 대처해야 하는지 길을 잃은 것 같았다. 그런 와중인데다 나를 만나기 전 참여한 장애문화예술인의 일자리 창출과 관련한 좌담회에서, 그는 장애인 극단의 대표로서 또 다른 과제를 안고 돌아왔다. 연극이 아닌 다른 여러 장르에서 활동하는 장애예술인들은 장애인의무고용제 등과 연동한 일자리 창출을 직접적으로 요구하고 있었다. 이제껏 지수 씨가 고민해왔던 것과는 결이 달라도 너무 달랐다.

체계화된 교육을 통해 예술가로서 역량을 강화할 수 없고, 접근할 수 있는 연습실과 극장조차 제한되어 있는 구조적 한계. 비장애 연극인들에 비해 이용할 수 있는 자원은 한정되어 있지만, 연극을 만드는 데에는 더 큰 공력과 비용을 투여해야 하는 현실의 창작 환경. 이것은 분명 의무고용제를 실시하는 것으로 해결될 수 있는 문제가 아니었다. 게다가 장애 여부를 떠나 연극인들은 언제나 만성적 고용 불안에 시달리는데, 장애연극인들만 고용을 보장해달라고 요구해도 되는 것인지, 지수 씨는 선뜻 답이 찾아지지 않는다고 했다.

연구자로서의 나는 지수 씨의 이 모든 고민을 매끄럽게 해석해낼 수가 없었다. 연극계의 일원으로서, 비장애 연극인인 나의 위치성을 다시 들여다봐야 했다. 나는 어떻게 지수 씨의 망설임과 침묵에 응답할 수 있을까.

○

그 사이 나는 장애학과 장애예술을 공부하기 시작했고, 본격적으로 장애연극의 미학을 연구할 계획도 세웠다. 이전과 같은 시행착오를 반복하지 않기 위해 장애연극인들에게 보다 밀착된 방식으로 그들을 참여관찰하고 인터뷰하는 리서치를 준비했다. 국내엔 관련 연구가 전무했기에, 일단 해외 장애예술인들의 훈련법을 다룬 문헌들을 뒤지기 시작했다.

하지만 그 내용을 극단 애인의 단원들과 공유하던 날, 나는 다시 한번 내 한계를 실감해야 했다. 한 단원이 왜 국내 사례를 조사하지 않는 것인지 물었다. 또 다른 단원은 현장에서 진행되는 대부분의 장애예술 프로그램이 이미, 해외 장애예술인과 국내 장애예술인 사이 동등한 교류를 주선하지 않는다고 말해주었다. 그들은 언제나 가르침을 받아야 하는 위치에 놓여 있었고, 그러다 보니 각자가 이미 가지고 있는 경험적이고 실천적인 지식과 기술, 그 전문성을 눈여겨보는 기획은 시도조차 되지 않았다.

상대적으로 오랜 역사가 축적된 해외 장애예술의 사례를 먼저 공유하는 것은, 분명 나에게 효율적인 접근법이 될 수 있었다. 망할 효율성! 을 탓해봤자 그냥 내 생각이 미치는 범위가 그 정도였던 거다. 나는 또다시 같은 시행착오를 반복했다.

그렇게 해서 나는, 이제는 정말로, **자기 몸과 말의 전문가인 장애연극인들에게 온전히 기대어야 할 때가 왔다**는 걸 마침내 받아들이게 되었다. 연구자로서 내 방식을 내려놓아야 할 차례였다. 지금, 여기를 구성하는 장애연극의 미학을 읽어내기 위해서는 장애연극인들이 주도하는 완전히 새로운 방식의 리서치가 필요했다.

그 이후 나는 극단 애인의 배우들이 직접 설계한 리서치를 관찰하고 기록하는 작업을 시작했다. 곧이어 내가 알고 있던 개념과 이론들이 무용해지는 순간을 경험했다. 고유성과 다양성을 인정한다는 것, 동등한 상호배움을 실천한다는 것, 익숙한 것을 허물고 낯선 세계를 탐색한다는 것. 나는 그 모든 것들의 가치를 진심으로 믿었지만, 그저 마음으로 믿는다고 해서 그것을 체화하거나 구현할 수 있는 건 아니었다. **함께 시도하고, 낭패를 맛보고, 그러면서도 다시 시도해보기 위해 서로를 의지하는 일**, 그 지난한 사건들을 견디고 다른 질문들을 주고받으며 그로부터 새로운 동력을 발견하는 일, 바로 그 모든 과정에 장애연극의 미학이 있었다.

올해 지수 씨가 한 번 더 워크숍 프로젝트의 기록을 요청했을 때 나는 기쁜 마음으로 그에 응했다. 그리고 덜컥! 약속했다. 장애배우의 훈련과 연기에 관해, 앞으로 극단 애인이 계획하는 모든 작업에 함께하겠다고.

○

이 책을 쓰는 동안 나는, 내가 장애연극인들을 '그들'이라고 지칭할 때마다 머뭇거린다는 걸 알게 되었다. 나와 너, 우리와 그들이라는 이분법의 함정에 빠지고 싶지 않으면서도, 나와는 분명 다른 위치와 입장에 있는 누군가를, 내가 일조해 만들어낸 억압과 차별에 저항해온 누군가를, 내가 어떤 관계성 안에 써 내려가고 있는지 자문해야 했다. 연대와 지지를 말하기엔 너무 한 일이 없는 것 같아 부끄러웠고, 섣불리 이해와 공감을 말하기엔 환원 불가능한 차이들이 있었다.

연결의 힘을 믿게 된 건, 극단 애인의 리서치를 관찰하고 기록하는 작업을 통해서였다. 당시 지수 씨는 장애배우의 몸풀기를 위한 훈련을 고안하는 중이었는데, 어느 날 탄성이 있는 밴드를 이용한 운동 방법을 찾아보자고 제안했다. 배우들은 둘씩 짝을 지어 마주 보고 밴드를 잡아당기면서, 자신의 관절이 어디까지 움직이는지, 오른쪽과 왼쪽의 힘이 어떻게 다른지, 상대의 떨림에 어떤 운동성이 있는지, 각자가 발견한 것들을 공유해나갔다.

어느 정도 활동이 일단락되자 지수 씨는 마지막으로, 배우들에게 자기 밴드의 한쪽 끝을 잡고 둥그렇게 자리를 잡아보라고 했다. 밴드의 다른 한쪽 끝은 중심에 매듭을 만들어 고정했고, 그 매듭이 충분히 단단한지 확인했다. 자, 그럼 이제 각자의 위치에서 밴드를 잡아당겨 볼까요? 지수 씨의 말이 끝나기가 무섭게 여기저기서 튀어나오는 탄성들! 우와! 어어어? 이야! 왜요? 뭔데, 뭔데? 저도 알려주세요!

배우들은 같이 해보지 않고선 이걸 기록할 수 없다며, 거리를 두고 관찰하던 나를 원 안으로 불러들였다. 밴드를 잡는 순간, 세상의 모든 진동이 전부 내 몸을 통과해가는 이 기묘한 느낌. 거봐! 내가 뭐랬어! 쇄도하는 배우들의 눈빛과 웃음에 나는 그들과 꼭 같은 탄성으로 응답할 수밖에 없었다. 우와!

한차례 흥분이 지나가자 각각의 진동이 어느 방향에서 오는지를 좀 더 미세하게 알아챌 수 있었고, 내 힘이 전체에 어느 정도로 미칠지도 가늠이 됐다. 이 상태라면 내가 내 운동을 하면서 모두가 함께 운동이 되는 상태도 찾아 나갈 수 있을 것 같았다. 배우들이 나를 원 안으로 끌어들였던 것처럼, 나도, 누군가를 부르고 싶었다. 여기, 자리 있어요! 여기요, 여기!

각자의 자리를 지키면서도 서로 이어져 있는 상태, 자기 공간을 확보한 채로 가까이서 혹은 멀리서 오는 진동을 느낄 수 있는 어떤 소우주. 연결에 대한 감각이 한번 생기고 나니 서로 연결된 채로 같이 할 수 있는 일들을 찾고, 다시 그 연결을 바깥으로 확장할 궁리도 할 수 있게 되었다. 무수한 다른 연결들을 발견하고, 그 연결들을 다시 연결하고, 그렇게 서로의 자장 안에서 다시, 또 다시, 계속해서 다시, 연결의 연결을 통해 세계를 구성하는 일. 어쩌면 지수 씨와의 관계에서 내가 고민했던 호혜도 이런 것이 아니었을까. 즉각적이고 개별적인 거래가 아닌, **모두의 모두에 대한 연루와 혜택.**

시간과 공력을 들여 함께 발견하고 저항할 수 있는 공동의 과제에 몰두해보는 것. 때론 누군가의 게으름을 타박하고 때론 누군가의 창조적 수완에 감탄하면서 서로에게 좋은 자극이 되는 관계를 유지하는 것. 정해진 답이 없는 난제를 해결하기 위해, 완전히 새로운 방식의 해방을 구성해내기 위해 모두의 세계에 거주해보는 것. 이런 일들 사이에서, 나는 이제껏 경험해본 적 없는 새로운 친밀성과 타자성에 대해 배워가고 있다.

한국 최초의 장애인 극단이 탄생한 것은 2002년이다. 장애연극의 역사도 벌써 20년이 되었고, 그만큼 장애를 가진 배우들의 층도 두터워지고 있다. 2022년 여름, 요즘 극단 애인은 지체·뇌병변 장애연극인을 위한 워크숍 개발에 한창 열을 올리고 있다. 한국장애인문화예술원이 예술창작 아카데미 프로그램의 강사로 극단 애인의 단원들을 초빙했기 때문이다. 주말마다 함께 모여 커리큘럼을 짜는 데 하루 꼬박 여덟 시간씩을 쏟아부은 지 벌써 몇 주째다.

장애예술인에 의한, 장애예술인을 위한 교육. 베테랑 장애배우들은 초보 장애배우들을 가르칠 수 있으면서 동시에 가르칠 수 없다는 점에서 그 현장을 권능의 해방구로 만들 것이다. 장애 유형이 같다고 모든 몸이 같은 것도 아니고, 특정인에게 익숙한 속도가 다른 이에게도 편안할 리 없으니, 움직임의 습관과 말하기의 패턴이 제각각인 예술가들에게 훈련을 위한 단일한 매뉴얼은 애초에 존재할 수 없다. 자기 예술의 길을 탐색하기 위한 '근본 없는' 접근법, 그리고 그 길 찾기를 노련하게 독려할 베테랑 장애배우들이 있을 뿐.

예술가를 꿈꾸는 누군가에게 길잡이가 되어 준다는 건 어떤 일일까. 지수 씨는 아직 만나보지 못한 다양한 몸의 고유성들을 염두에 두고 각각의 프로그램이 누군가를 소외시키지는 않는지, 모두가 자기 표현을 시도할 수 있는 안전한 환경의 조건이 충족되는지, 일률적인 기준으로 판단하거나 평가하지 않으면서 어떻게 당사자들의 언어로 서로의 수행을 읽어낼 수 있을지, 집요하게 새로운 질문들을 쌓아나갔다.

몇 시간이고 토론을 해도 답이 찾아지지 않는 복잡한 문제들에, 좌절하고 실의에 빠지는 순간들이 왜 없었겠는가. 그러나 이제껏 장애연극인들을 향했던 기대와 요구를 떠올려보면, 이 일의 책임이란 얼마나 기꺼운 것인지!

●

연극에서도 비장애 배우가, 장애가 있는 인물을 연기할 때가 있잖아요. 보러 갈 때도 있고 안 가기도 하는데, 정말 잘할 때도 있어요. 하하하하.

잘한다고 얘기하긴 좀 뭐한데, 실제 장애인을 보고 연구를 되게 많이 했다는 생각이 들 때가 있는 거죠. 그게 어떤 본질을 고민했다기보다 겉으로 드러나는 모습을 관찰한 걸 텐데요. 그럴 때 왜 장애배우를 캐스팅하지 않았을까, 생각해요. 어찌 되었든 아주 흉내를 잘 낸다는 생각이 들 때가 있는데, 흉내라고 해야죠, 그건, 하하.

그런데 또 절대로 흉내 내지 못하는 지점들이 있을 거예요. 그리고 참 이상하게도 그런 장면이 꼭 들어가잖아요. 장애를 가진 인물을 연기하는 그 배우가 실제로는 비장애인이라는 거를 보여주는 거죠. 예를 들면 장면 전환할 때 빠르게 의상을 갈아입어야 해서 갑자기 휠체어에서 벌떡 일어난다든지. 아마도 이건 실제로는 장애가 없지만 그런 인물을 연기하는 배우를 강조하고 싶은 걸 테고. 아니면 연극 내용상으로는 꿈이든 환상이든, 회상이든, 그 인물이 장애가 없는 상태를 보여주는 건데요. **도대체 그건 뭘 의미하는 걸까요?**

비장애인이 장애인을 흉내 내고 그 역할을 한다는 거, 옛날엔 엄청 싫어했지만, 지금은, 그게 싫다고 해서 안 할 수 있는 건 아니겠구나, 생각도 들어요. 이를테면 <말아톤>에서 조승우의 연기를 보고 발달장애인에 대한 인식이 많이 변했는데, 물론 전혀 다른 측면에서 볼 수도 있지만. 아무튼 작품 자체가 복합적인 의미를 만들어내려면 어느 정도 인지도가 있는 배우가 연기하는 것이 더 파급력이 클 거로 생각할 수도 있겠다, 뭐 그런 거죠. 사실 장애인 역할을 하는 비장애 배우가 더 훌륭해 보이기도 하고요.

하지만 그런 모든 걸 떠나서 기본적으로 장애가 있는 역할이라면 장애를 가진 배우가 할 수 있었으면 좋겠어요.

그리고 더 중요한 건, 왜 비장애 배우와 작업을 하느냐죠. 장애 배우를 캐스팅하지 않는 이유가 무엇인지, 이를테면 어떤 연기력을 소화할 수 있을 만한 장애배우가 없는 건지, 혹은 그런 배우가 있다고 하더라도 의사소통 같은 것에서 걱정이나 두려움이 있는 건지, 아니면 작업에 소요되는 시간, 효율성, 그런 것들을 따졌을 때 선택하지 않는 건지, 그런 걸 봐야 하는 것 같아요.

그래서 비장애 연극인들과의 협업이 기대가 많이 되는데요. 그래도 장애운동을 하는 비장애 활동가들이 경험하는 것과 비장애 연극인들이 작업하면서 알게 되는 건 또 다를 거라고 생각해요. 활동가들은 몸소 부딪치고 같이 살다시피 하니까 자연스럽게 체득하게 되는 당사자성이 있는데, 연극은 완전히 그런 과정이라고 할 수는 없어서요. 그래서 더, 실제 작업에서 발생하는 것들에 대해 이야기할 필요가 있다고 보고, 무엇이 어려운지, 어떤 지점에서 장벽을 느끼는지, 그런 것들이 궁금해요.

예를 들면 정말로 소통의 어려움이 있을 수 있겠죠. 그건 경험의 차이에서 나오는 걸 수도 있고, 자기 생각을 말로 표현하는 방식이 다를 수도 있고, 혹은 어떤 전문적인 용어가 통하지 않을 수도 있고요. 더 근본적으로는 대화할 때의 특징이라든가, 그런 것도 다 다르고요. 아주 조심스러워 하거나, 너무 아무렇지 않아 하는 경우, 뭐 다양할 수 있는데 그런 것들을 그냥 지나쳐서 익숙해져 버리기보다는, 잘 얘기하면서 갔으면 좋겠어요.

○

소위 주류 문화 생산물 중에, 장애 당사자들이 참여해서 만들어진 작품은 얼마나 될까. 대중들에게 좀 더 친숙하고 일상적인 영화와 드라마 등의 매체에서 활동하는 장애 배우는 아직도 극히 드문 실정이다. 이전과 비교하면 장애를 연민이나 동정, 극복의 시선으로 바라보는 작품도 찾아보기 힘들고, 장애를 가진 인물이 중심 캐릭터로 극을 이끌어가는 경우도 많지만, 그런 주연 역할은 대부분 비장애 배우에게 돌아간다. 장애 당사자인 작가나 PD, 감독이 얼마나 있는지는 솔직히 잘 모르겠다.

영국 공영방송 BBC의 채널 중 하나인 BBC 4에는 비장애 배우가 장애인 캐릭터를 연기하지 않도록, 오디션을 통해 장애를 가진 배우를 캐스팅하는 규정이 있다. 2015년 도입된 '360° 다양성 헌장360°Diversity Charter'*에 따르면 장르와 영역을 불문하고 대본이 있는 모든 프로그램은 다음의 두 가지 조건 중 하나를 충족시켜야 한다.

* https://www.channel4.com/media/documents/corporate/diversitycharter/Channel4360DiversityCharterFINAL.pdf.

① 주연 캐릭터 중 적어도 한 명은 소수민족이거나 장애를 가지고 있거나 LGBT여야 한다. ② 주연 캐릭터 중 적어도 50퍼센트는 여성이어야 한다.

영국 사회의 인구 구성을 따져봤을 때 이 규정은 수치상으로는 현실에 가까울 테지만, 그들이 '주연'으로 등장한다는 것은 여전히 도달해야 할 이상향에 가까울 것이다. 여기서 장애를 가진 배우가 주연을 맡는다는 것은 그 삶의 관점 자체가 극의 중심 서사가 된다는 뜻이거나, 장애를 가진 이가 사회 구성원으로서 어울려 살아가는 다양한 이야기를 보여준다는 뜻이다.

이러한 규정에 대해 실제 작품을 만드는 이들이 어떤 입장을 취하는지는 모르겠다. 억지스럽다고 느끼거나, 그러한 가이드라인이 창작의 영역을 침해하거나 제한한다고 불만을 토로할지도 모를 일이다. 혹은 현실은 그렇지 않은데, 이러한 정책이 오히려 직시해야 할 문제들을 덮어 버린다고 비판할 수도 있을 것이다.*

* 이 규정에 대한 시청자의 반응은 다음 자료집에서 확인할 수 있다. https://www.channel4.com/media/documents/press/news/Channel＋4＋-＋360＋Diversity＋Charter＋-＋Three＋Years＋On_FINAL.pdf. 2017년 BBC 4의 자체 조사에 의하면, 360° 다양성 헌장을 따른 작품들에 대해 71퍼센트의 시청자가 TV에서는 자주 볼 수 없었던 삶의 단면을 반영한 프로그램이라 평가했고, 75퍼센트의 시청자가 그것들이 소수 그룹에 목소리를 주었다고 응답했다.

여기서 한 가지 더 고려해야 할 것은 이 채널이 직원 채용에 있어서도 이에 준하는 기준을 지키고 있으며, 여러 교육 프로그램을 통해 직원들에게 다양성과 포용의 문화를 훈련시키고 있다는 사실이다. 이런 환경에서라면, 프로그램을 제작하는 이들도 자연스럽게 다양한 이들과 협업하면서 자신의 실제 경험을 작품에 반영할 수 있을 것이다.

지금 당장 이런 사례를 국내에 도입해야 한다고 주장하는 것은 아니다. 영국과는 역사적·문화적 맥락이 다른 한국 사회에

무작정 같은 시스템을 적용할 수는 없는 일이다. 영국에서는 오랫동안 소위 '포용' 담론을 논의해왔다. 사회적으로 배제된 이들을 끌어안기 위한 정부 부처를 신설하고, 학교 예술 교육에서 사회적 포용을 가르쳤으며, 이 과정에서 예술을 인식 개선 도구로 활용하는 등 사회 전방위적인 변화의 토대를 만들어왔다. 그러나 그런 영국 사회에서조차, '포용' 개념은 여전히 논쟁의 대상이 되고 있다.

이 모든 사회문화적 여건을 한꺼번에 갖출 수는 없을 것이다. 다만 나는 지수 씨 말대로, 왜 장애배우를 캐스팅하지 않는지, 사회가 그 이유를 함께 고민하며 또 다른 방향으로 나아갈 때라고 생각한다. 그리고 이러한 고민은 다시, 장애배우를 캐스팅할 경우 그 창작 과정과 작업 방식이 어떠해야만 하는지, 새로운 질문과 창의적 대답들을 만들어낼 것이다.

연극은 이런 질문과 대답들을 찾아나가기에 적합한 장소다. 창작 방식과 제작 환경이 드라마나 영화와는 다르기 때문이다. 아무리 규모가 큰 공연이라고 하더라도, 그럴 의지만 있다면 모든 구성원들이 함께 모여 충분한 시간을 가지고 소통할 수 있는 여건을 만들 수 있다. 상업적 장르와 비교했을 때 시간이 바로 돈으로 환산되는 구조는 아니기 때문이다.

더구나 연극계 미투 운동 이후, 수많은 현장 연극인들은 구성원 상호 간의 존엄을 지키며 안전한 창작 환경을 만들기 위해 애쓰고 있다. 그래서 더욱 지금 이 시기 장애연극인들과 비장애연극인들의 협업은 장애와 비장애의 위계화된 차이, 나아가 이

분법적 경계를 인식하는 첨예한 토론의 장이 될 수 있다. 내가 지수 씨를 만나고, 그의 연극하기를 함께하면서 통과한 시간을 돌아보면, 한국 연극은 분명 새로운 시대의 흐름을 앞서 반영했고, 나를 완전히 새로운 세상으로 인도했다.

○

아마도 창작 과정에서의 협업과는 좀 다르긴 하겠지만, 나는 관객들 또한 장애연극인들의 무대를 통해 또 다른 세상을 경험할 수 있으리라 생각한다. 장애연극인들은 개인의 삶을 사회 속에 위치시키면서도 각자의 고유성 안에서 발현될 수 있는 아름다움을 모색하는 이들이다. 그렇다면 이들이야말로 동시대 문화예술의 가장 최전선에서 관습적 미학의 규범을 갱신해가고 있는 게 아닐까.

가끔 장애연극인들의 공연을 보면서 충분히 유머러스한 장면인데도 웃는 게 괜찮을지 고민스럽다는 이야기를 듣는다. 이러한 고민은 장애를 가진 이들을 향한 웃음이 그동안 얼마나 부정적인 영역에만 머물러 있었는지를 방증한다. **왜 우리는 마주 보며 기꺼이 기쁨으로 웃어본 적도 없단 말인가.**

그러나 당신이 보고 있는 장애배우들의 연기는, 이러한 모든 고민과 반응, 그 역사적이거나 사회적인 맥락들을 충분히 숙고하고, 최종적으로 선택한 수행의 방식이다. 그들이 표현하고 전달하길 원하는 미학적 의미가 거기에 있다. 웃는 것이 장애인에 대한 편견을 드러내는 것처럼 느껴져 꺼림칙할 수 있겠지만, 그렇다고 웃지 않는 것은 장애연극인들의 예술적 실천을 인정하지 않는 것이다. 무대 위에서 발생하는 무언가가 웃음을 유발한다면 마음껏 웃어도 좋다. 혹시 그 웃음 뒤에 복잡한 마음이 남았다면, 극장 밖 세계로 돌아가면서 그 마음을 기억하면 된다.

장애연극인들은 이미 자기 예술에 새로운 가치를 부착해 나가고 있다. 이제 관객들이 응답할 차례다.

자뽀   난 뜨개질을 하죠. 심심하지 않을려구요.

떼빵부인   아니 그렇담, 군인들은 다 그렇게 심심해하냐?

제뽀   기분 전환으로 뭣인가 하면서 보내죠.

제뽀   우리 편도 마찬가지예요.

떼빵씨   그럼 전쟁을 그만두지 그래.

제뽀   어떻게요?

떼빵씨   간단해. 넌 적군이 전쟁을 바라지 않는다고 아군에게 알리
           고, 자네도 마찬가지로 동지들한테 말하고. 그럼 모두 다
           제 집으로 돌아갈 게 아냐?

제뽀   야!

떼빵부인   그렇게 되면 젊은인 다리미를 마저 고칠 수 있겠구려.

제뽀   어째서 사람들이 진작 이런 좋은 생각을 못 해냈지?

떼빵부인   이런 생각은 네 아버지만이 할 수 있는 거란다. 아버지가
           사범학교 출신이구 우표 수집가란 걸 잊었냐.

제뽀   그럼 원수나 사령관들은 뭘 하죠?

떼빵씨   그자들한텐 장난감 갑옷이랑 투구를 주면 잠자코 있겠지.

제뽀   참 그렇군요.

떼빵씨   어때, 아주 쉽잖소. 이제 만사 해결이다.

제뽀   전우들에게 가르쳐줘야지!

자뽀   그래. 틀림없이 기뻐 날뛸 거야.

그 순간에 내가 왜 못 웃었지, 라는 생각보다는 보통 저 사람은 왜 웃지? 이렇게 생각하는 경우가 많은 것 같아요. 저거 지금 웃을 타이밍 아닌데 저 사람 왜 웃지? 이럴 때 있잖아요. 근데 다른 사람들이 웃을 때 나는 왜 웃지 못하나, 하고 인식하는 사람들은 무언가 더 나아가, 많은 생각을 하는 분들일 거예요. 사실 그 순간에 그런 인식조차 하지 못하고 넘어가는 일이 많은 것 같아요. 잘 모르겠네요. 그런 것에 대해서 생각하는 리뷰를 한번도 못 보기도 했고. 하하하. 리뷰를 한번도 못 봤네요. 그 순간에 나는 왜 못 웃었을까, 이런 생각했다는 얘기 못 들어본 것 같아요.

장애배우들이 객석을 바라볼 때 관객이 시선을 피하는 건, 제가 느끼기에는, 눈이 마주치면 배우가 흔들릴 것이다, 그런 우려도 있을 것 같고요. 사실 배우니까 그런 거에 영향받지 않는데 말이죠. 혹은 그런 지점도 있을 거예요. 내용에 따라서, 배우가 특정한 인물이나 사건, 상황에 대해서 얘기를 하면, 그게 꼭 나한테 이야기를 하는 것 같아서 눈길을 피하는 경우. 그니까 마치 내가 가해자가 된 것 같은 느낌이 들 수도 있는 거죠. 근데 관객이 꼭 나한테 하는 얘기 같아, 라고 느꼈을 때는, 나도 그랬을 수 있어, 하지만 그게 사회적인 맥락에서 어떤 의미인지, 이렇게까지 가야 하는 거잖아요. 저는 작품적으로 그렇게 더 가게 만들고 싶어요. 그래야 좋은 작품이 된다고 생각하고요.

165

◇ 극단 애인은 2017년. 창단 10주년을 기념해 이 희곡을 무대에 올렸다.

6막

누구도 일러준 적 없는 그 세계로

확실히 더 이상은 젊지 않다는 것을 느낀 시점이 있었다. 갑자기 모든 것에 엄청난 상실감이 밀려왔다. 문득, 나이 먹는다는 것이 이렇게 슬픈 일이라면, 앞으로 나의 생에는 내내 슬플 일밖에 남아 있지 않겠구나, 하는 생각이 들었다.

어느 날 지수 씨의 농담이 생각났다. 단원들과 모인 자리에서 지수 씨는 요즘 나이가 들어 작은 글씨들을 읽을 수가 없다며 "나 이제 눈이 잘 안 보여. 중복 장애야." 하고 호탕하게 웃어댔다. 그런 농담을 할 수 있다니, 지수 씨는 늙어간다는 것에 두려움을 느끼지 않는 것처럼 보였다. 그 초연함과 위엄은 어디서 나오는 걸까.

나는 나보다 조금 앞서 나이 든, 한국 사회를 살아온 여성으로서 지수 씨를 마주해보고 싶었다.

슬기 선생님한테 늙는다는 건 어떤 일이에요? 예전에 '중복 장애' 농담하셨을 때, 나이가 들면서 눈이 침침해지는 게 장애인가, 하고 좀 혼란스러웠던 기억이 나요. 선생님은 늙는 게 두렵지 않으신가 보다, 하고 놀라기도 했고요.

지수 늙어간다는 것, 저한테도 다르지 않고요(웃음). 그런데 저는 제 몸의 변화나 이런 것들을 되게 민감하게 관찰하는 편이에요. 대비를 해야 하니까요. 언젠가는 혼자 휠체어도 못 타게 될 테고. 특히 봄이 되면 겨울에 위축됐던 몸의 근육들이 느슨하게 이완되면서 힘이 빠지거든요. 그러면 작년에 됐던 것들이 잘 안 되기도 하고.

노화라는 게 속도의 차이도 있고, 갑자기 찾아오느냐 천천히 오느냐, 이런 차이가 있겠지만 결국 누구나 다 겪게 되는 거잖아요. 예전에 장애인차별금지법 만들 때 장애인들이 살기 좋은 세상을 만드는 건 비장애인들에게도 좋은 세상을 만드는 것이다, 지금은 비장애인이라고 해도 누구나 언젠가는 장애인이 된다, 그런 얘기들 많이 했는데요. **무엇을 시도하는데 내가 생각한 대로 되지 않는 것, 어떤 조건에서 어려움에 처하게 되는**

것, 그게 장애잖아요? 근데 눈이 점점 나빠지니까 읽을 수 없는 정보들이 많아지는 거예요. 약을 사도, 뭐 설명서 하나만 봐도 중요한 정보는 다 작은 글씨인데! 하지만 사람들이 그걸 장애라고 생각하지 않거든요. 장애 맞는데.

슬기 사회가 장애를 부정적으로 바라보니까, 내가 장애를 갖게 되었다, 이런 걸 인정하고 싶지 않은 것 같아요. 저한테도 그런 관점이 내면화되어 있었고요. 한편으로 저는 그 농담 들으면서 선생님이 노화에 대처하는 선험적 지식 같은 걸 갖고 있나 보다, 하고 생각했어요.

지수 오늘 제가 전시회에 다녀왔거든요. 근데 안경을 안 쓰면 그림 옆에 있는 제목이랑 정보들이 안 보여서요. 계속 돋보기를 썼다 벗었다 할 수밖에 없었는데, 그러다 결국 돋보기를 잃어버리고 왔어요. 하하. 한편으론 그런 것도 있어요. 안경 안 쓰는 게 당연히 편한데, 쓰고 있으면 잘 보이니까 요즘은 그냥 내내 쓰고 있는 시간이 길어지는 거예요. 안 그러면 정보를 얻기 어려워지거나 자꾸 옆에 있는 누군가한테 읽어달라고 하는 상황이 되는 거죠. 안경을 꺼낼 거냐, 다른 사람한테 물어볼 거냐, 그럴 때마다 망설이게 되는데, 음…

게을러지는 것 같기도 하고요.

슬기 게을러진다? 정반대로 생각해보면 점점 더 부지런
해져야 한다. 이렇게 얘기할 수도 있을까요? 안경도
계속 썼다 벗었다 해야 하고, 필요할 때 즉각 즉각
내가 혼자서 일을 처리하기 위해서는 짐도 여러 개
들고 다녀야 하고. 그게 노화에 대처하는 방식이 되
는 건가, 문득 그런 생각이 들어요.

지수 그런데 사실 아무리 부지런해져도 내 몸은 결국 어제
만큼 똑같이 그걸 해낼 수 없잖아요. 예를 들면 제가
예전에는 한 시간씩 책을 읽을 수 있었는데, 지금은
삼십 분 읽고 쉬어야 하거든요. 그러면 그만큼 다른
걸 줄여야 하는 거죠.

슬기 엉엉엉. 더 슬퍼요.

(함께 박장대소)

지수 결국 무엇을 뺄 것인가를 결정해야 하는데, 그게 쉽지
않아요. 저는 눈이 피곤하니까 요즘 책을 거의 소리로
듣는데, 집에서도 계속 오디오북을 틀어놓다 보니 이
번엔 생각할 시간이 줄어들더라고요. 하하하. 그래서

얼마 전에, 들어야 한다는 강박을 버리자, 적어도 콜택시 타고 이동하는 동안에는 생각을 하자, 이렇게 마음을 먹었어요.

슬기   저도 생각해보게 되는데요. 저는 최근 들어 한 번에 여러 가지 일을 처리하는 게 힘들어졌어요. 하하하. 집중력이 떨어지기도 하고, 신경을 여러 개로 분산시키면 체력 저하가 심하게 오기도 하고요. 진짜 선생님 말씀대로 일에 우선순위를 정하게 되는 것 같아요.

지수   굉장히 체계적으로 생각해야 하는 일이기도 해요. 저한테는 휠체어를 갈아타는 것이 가장 힘든 일인데, 무언가를 잊고 휠체어에 오르면 내려갔다 다시 올라오는 데 시간이 10분 넘게 걸리거든요. 원래 장애를 갖고 살면 한꺼번에 많은 생각을 해야 하는데, 나이 들면서 일상생활에서 더 자주 그럴 일이 생기죠. 옷을 휠체어 위에 걸어놓고, 온갖 짐들을 챙겨서 가방에 넣고, 에어컨 틀어놨으면 꺼짐 예약도 미리 해놓아야 하고, 그런 것 중 하나라도 잊고 휠체어에 탔다, 그러면 그 후의 일들이 다, 하하하하하하. 제가 타는 저상버스가 30~40분에 한 대씩 오는데, 그걸 놓치게 되고, 그런 거예요. 근데 이런 것뿐이겠어요? 앞으로는 더 생각지도 못한 일들이 벌어지겠죠? 그래서 자기 몸을 잘 들여다보면서 대비를 해야 하는 거고요.

◖◗

슬기　한국 사회가 건강하고 젊은 몸을 이상적인 것으로 상정하고 그렇지 않은 몸을 다루는 방식이 분명히 있잖아요. 최근에 아픈 몸들에 대한 다양한 이야기가 나오고 있는데, 저도 선생님 만나고 애인 배우분들하고 작업하기 전까지는 그런 것들에 정말 관심이 없었거든요. 장애가 있는 분들은 몸에 상시적인 통증이 있거나 유달리 자극에 민감할 것이다. 그런 편견도 가지고 있었고, 겉으로 보기에는 알 수 없는 아픈 몸이 있다는 것도 생각해보지 않았고요.

지수　장애인이기 때문에 건강상에 돌발적인 문제가 생길 수 있다, 이건 장애 유형에 따라서, 사람에 따라서 굉장히 다른 거라 외부에서 그냥 판단해버리면 안 되는 문제라고 생각해요. 예를 들어 척수장애인 같은 경우 몸에 염증이 생길 가능성이 있어서 불시에 아플 수 있어요. 하지만 뇌병변장애인들은 그런 건 없고, 오히려 긴장하는 경우 근육에 경직이 올 수 있고요. 저희 단

원들 관찰해보면 나이가 들면서 이전보다 그런 경우
가 늘어나는 것 같긴 해요. 그밖에, 자기 지병이 있으
면 그건 계속 알아서 관리해야 하는 거고. 저 같은 경
우 술 조금 먹고 혹시 모를 사고 조심해야 하고요. 하
하하. 장애인이라서 특별히 그런 건 아닌 것 같아요.

슬기   근데 또, 다른 이의 몸 상태에 대해 꼬치꼬치 캐묻거
나 시도 때도 없이 궁금해하는 것도 실례잖아요. 장
애연극인들하고 작업할 때 이런 영역에 어떻게 접근
하는 것이 좋을까요?

지수   그러니까, 장애연극인하고 같이 작업한다고 주변에
서 그런 상황이 발생할 걸 사전에 대비한다기보다, 본
인이 자기 몸을 잘 관찰하고 미리 얘기해야 한다는 거
죠. 그건 내 몸 상태가 어떤지를 아는 것이면서, 또 그
상태를 어떻게 잘 유지하느냐의 문제이기도 해요. 연
극은 긴 작업이잖아요.

슬기   자기 몸 상태를 안다고 해도 그걸 공유하는 일이 쉽
지 않잖아요. 그건 여전히, **불필요한 간섭, 의심스러운
눈초리, 때에 따라서는 과도한 원망 같은 걸 감내해야 하
는 일**이니까요.

지수   제가 지난주 워크숍에서 단원들하고 있을 때, 요즘 들어 몸에 확 열이 오른다고 얘기했었잖아요. 작년 겨울부터 이런 증상이 생겼는데, 갑자기 엄청난 열이 나는 게 느껴져요. 저는 아직까진 그러지 않는데 얼굴도 빨개지고, 그러면 그렇게 화가 난다고 하더라고요. 저에게도 곧 그런 시기가 올 것 같은데 몸이 계속 변화하는 거죠. 일단 열이 난다 싶으면 굉장히 당황스러워요. 아무 일도 없는데 왜 몸이 뜨거워지는 거지, 생전 못 느껴본 것들이 찾아오더라고요. 이런 것들을 어떻게 공유할 수 있을까 고민하게 되죠.

슬기   극단에서는 그런 이야기를 이미 공유하신 거고, 그러니까 어떤 순간이 찾아오면, 잠깐 시간을 달라, 이렇게 얘기할 수 있을 것 같아요. 다만 언제 어디서나 미리 그런 나의 몸 상태를 공유할 수 있는 건 아니잖아요.

지수   주변에서 얘기 들어보면 그 순간 화장실을 간다거나 하면서, 다른 사람들한테 피해를 주지 않기 위해서 자리를 피한다고 하더라고요. 그래서 아픈 몸을 받아들이는 연습을 해야 하는 게 아닐까요. 저도 어려워요. 제가 지금 경험하고 있는 것들을 통해서 새롭게 알아가는 게 있겠지요.

슬기 사회의 효율성이나 표준화, 통치 구조 같은 걸 생각
하면 건강한 몸을 강요하는 게 얼마나 문제적인지
이해는 돼요. 그리고 그런 사회에 길들여졌기 때문
에 우리가 스스로나 다른 사람들을 억압하면서 살아
왔다는 것도 깨닫게 되고요. 하지만 무언가를 같이
하는 사람들끼리 약속이라는 건 분명히 있는 거니
까, 특히 무대에서 관객을 만나야 하는 배우들한테
그건 너무나 중요한 일이기도 하잖아요.

지수 **우리는 계속 늙고 아플 거고. 연극을 한다는 건 언제나 긴
장의 연속이고. 어려운 문제예요.** 그래서 배우들이 계속
연기를 하고 무대에 오르고 싶다면, 그만큼 자기를 들
여다보는 훈련을 해야 하는 거고, 같이 연극하는 사람
들하고 자기 상태를 공유하는 방법도 알아야 하는 거
죠.

슬기 서로의 안전을 지키면서 누구의 권리도 침해하지 않
는 연극은 어떻게 만들 수 있을까요. 그러면서 결국
함께 나이 듦을 배워가게 되는 거겠죠?

슬기   선생님은 나이 들면서 생기는 몸의 변화 같은 것들
에 대해, 그걸 직접 경험해보기 전에 다른 분들한테
먼저 이야기를 들으신 거죠?

지수   저는 언니들이 있으니까 그런 이야기들을 들어서 알
고 있었고, 또 제가 평소에도 뜬금없는 질문들 잘 하
잖아요(웃음). 주변에 휠체어 타시는 언니들 만나면
물어봤어요. 언니, 잘 지내셨어요? 언니는 갱년기 안
왔어요? 하고요. 그럼 왜 없어, 이런 대답들 듣곤 했었
죠. 책이나 인터넷 같은 데서 얻을 수 있는 정보에 대
해선 잘 몰랐고요.

슬기　　사실 책이나 인터넷 찾으면 정보는 너무 많죠. 근데 그때는 이미 내가 그 증상을 겪었기 때문에 이게 뭐지, 하고 찾아보게 되는 거잖아요. 하지만 미리 들어서 알고 있으면 뭔가 마음의 준비를 하고 그 증상과 마주할 수 있겠구나, 하는 생각이 들어서요. 저는 이런 이야기들을 편안하게 나누는 걸 들어본 적이 없는 것 같아요. 사실 있었는데, 그때는 제가 지금보다 젊었을 때라 나랑 상관없는 일이라고 생각해서 무심히 넘겼을 수도 있고요.

요즘 경험을 공유한다는 것이 얼마나 값진 일인가에 대해 많이 생각해요. 미처 존재하는지도 몰랐던 목소리들을 듣고, 아 나만 이런 게 아니었구나, 하고 위안을 얻는 순간들이 있거든요. 그러면 이전엔 경험해보지 못했던 방식으로 세상이 열리기도 하고요.

근데 그냥 나이 많은 사람들이 하는 얘기는, 다 '나 때는 말이야…' 이렇게 듣고, 당신이 나에 대해 뭘 알아, 우리 세대에 대해 뭘 알아, 이렇게 접근하게 되는 경우가 많잖아요. 저도 지금보다 젊었을 때는 분명 그랬을 텐데, 제가 나이 드니까 이제야 이런 생각하는 게 좀 우습기도 하고요. 장애, 비장애를 떠나서 그런 게 있는 것 같은데, 특히 장애운동을 생각하면서, 경험을 공유한다는 것이 어떤 의미인지 궁금했어요.

지수   음… 지금이 참 어려운 시기인 것 같아요. 운동을 하려는 사람한테는 과거의 경험을 이야기하는 것이 현실적으로 굉장히 공감되고 와닿을 수 있겠죠. 아, 그래서 내가 지금 이렇게 다 누리고 있구나, 하고요. 그런데 그런 것에 관심이 없는 사람에게는 이동권 운동이 있었기 때문에 지금 세종문화회관 앞에 사거리가 이렇게 됐고, 지하철 역사에 엘리베이터가 생겼고, 이런 얘기 해봤자 대부분 그게 당연한 거라고 생각하니까요. 그동안에 있었던 치열한 투쟁, 목숨을 건 단식, 그리고 진짜 처절한 움직임과 삶에 대한 얘기는 사실 잘 모르고, 듣고 싶어 하지도 않고요. 저 같은 경우는 저보다 더 윗세대 사람들이 어떻게 운동을 했는지, 제가 어느 정도 같이 하면서 알게 된 것도 있지만, 그보다 더 전에 있었던 일들이 궁금하거든요. 아직 밝혀지지 않은 움직임들, 숨겨져 있지만 중간에 운동을 그만둔 많은 사람들, 그들의 삶도 소중하고요. 하지만 그게 다음 세대로 이어질 거라고 생각하진 않아요.

슬기   연극을 하면서는 어떠세요? 1세대 장애연극인으로서 어떤 과정들을 거쳐오신 거잖아요?

지수   연극에 있어서도 마찬가지인데, 우리가 처음 연극 시작했을 때 뭐 어쨌다 저쨌다, 얘기를 하는 건 지금 별로 의미가 없고, 저도 안 해야 된다고 생각해요. 그보다는 앞으로 어떻게 가야 하느냐가 더 중요하잖아요. 젊은 세대 연극인들은 연극이 운동이라고 생각하지 않거든요. 처음 시작할 때 운동이 아니라 자기 표현이었으니까, 연극을 하면서 자기를 계발하고 어떻게 하면 예술성을 보여줄 수 있는지가 중요하죠.

그래서 제가 인권이나 장애운동, 이런 얘기를 해도 동의는 하지만 그게 자기 것이 되는 것 같지는 않아요. 저는 항상 장애와 예술, 운동이 어떤 부분에서 맞닿아 있고 그렇게 가야 한다고 생각하지만, 다른 배우들도 그럴 거라고 생각하지 않는 거죠. 저희 극단도 초반에는 장애 정체성에 관한 책들을 많이 읽었는데, 지금은 그런 운동성에 대해 명확히 생각이 다른 단원이 있다는 것도 알게 됐고요. 오히려 제가 그런 얘기를 계속하고, 그런 식의 생각을 가졌으면 좋겠다고 말하는 게 억압이 될 수 있다는 것을 최근에 굉장히 많이 깨달았어요.

◖◗

슬기　　제가 아주 처음에는 선생님을 '김지수 대표님'이라고 불렀는데, 그때 극단 대표로 불리는 것도 불편하다고 하셨잖아요.

지수 몇 년 전엔가, 단원들한테 그런 얘기한 적이 있어요. 내가 권력을 가지도록 하지 말라고요. 어떤 리더가 되느냐는 리더십과 팔로우십이 같이 가야 하는 문제잖아요. 그런데 나도 되게 독선적일 수 있기 때문에 옆에서 계속 그걸 봐줘야 한다는 거죠. 그래서 뭔가 결정해야 할 때 내가 혼자서 결정하게 하지 말아라, 알아서 하라고 하지 말아라, 이렇게 얘기해요. 극단이 아니더라도 어딜 가서 뭘 하든 **선택과 결정을 맡겨버리는 건 되게 편할 수 있지만, 그러지 않으려는 노력이 습관처럼 몸에 배어 있어야 하는 거죠.** 그래서 대표도 돌아가면서 하자고 제안했지만 잘 안 됐고(웃음). 저는 사실 극단을 대표한다기보다 대표로서 필요한 역할을 하고 있을 뿐이라고 생각해요.

슬기 권력을 가진다는 건 어떤 식으로든 사람을 취하게 하겠죠?

지수 진짜 상상도 못 한 것들을 다 내 마음대로 할 수 있다, 내 한 마디면 뭐든지 해주는 사람들이 있다, 그게 되게 무서운 거잖아요. 저도 이미 극단에서 그런 권력을 갖고 있을 거예요.

슬기   근데 선생님의 방식은, 모두에게 의견을 물어보고 결정하시는 거잖아요.

저는 오히려 그런 생각도 들었어요. 선생님이 스스로를 까칠하다고 표현하시잖아요. 그게 어떤 식의 엄격함일 수도 있을 것 같은데, 대표라는 자리에 있으니 의견을 물어보는 것이 때로는 꾸중이나 질책으로 들릴 수도 있으려나, 하는 생각이요. 그건 그 사람의 스타일이고 일하는 방식이나 패턴일 수도 있는데. 또 그 엄격함에는 책임감도 따라오고, 그 일에 권리보다는 의무가 더 많았을 수도 있고요.

지수   하지만 또 다른 점도 있죠. 제가 되게 오랜 시간 단원들하고 지내왔으니까 "사실은 너 이렇지." 하면서 얘기해버릴 수 있는데, 그게 되게 폭력적인 방식인 거예요. 근데 경계하지 않으면 너무 쉽게 나올 수 있는 거고. 저도 그런 순간들이 있어요. 뒤돌아서, 아, 이렇게 하면 안 되는 건데, 내가 왜 이랬을까. 그렇게 제가 의식하지 못하는 것도 얼마나 많겠어요.

슬기   사실 나이가 들고 경험이 쌓이면서 애써 취하려 하지 않아도 자연스럽게 갖게 되는 권력이 있잖아요. 그럴 때 나에게 주어진 권력, 그 힘을 인식하는 건 정말 어려운 일 같아요.

지수   저는 일단 말을 많이 하지 말아야겠다는 생각을 하고
요(웃음). 그냥 나이 든 사람이 하는 말이라 무게가
생기기도 하고, 또 나이 들어간다고 해서 더 유연해지
는 건 결코 아닌 것 같거든요. 유연해지고 싶어 하지
만, 그러려면 굉장한 노력이 필요한 거죠. 생각도 훨
씬 편협해지고 고집도 세지고. 한 마디를 해도 그 안
에 이미 어떤 사고 판단이 들어 있는 말들이 나오기
쉬워서 조심해야겠구나 싶은 거예요. 맞아요. 내가 원
하지 않았는데 나한테 권력이 있다는 생각이 들 때가
있어요. 대표를 오래 해왔기 때문에 그렇기도 하고,
제가 계속 어떤 기대를 하고 있더라고요. 이 정도는
좀 해줘야 하는 거 아니야? 이런 건 할 수 있잖아? 하
는 거죠. 어떤 선택이나 행동을 했을 때 왜 그랬는지
궁금해서 물어보면 질문이 다 추궁처럼 들리기도 하
는 것 같아요. 저는 그게 나이 들어가는 것과도 연관
이 있다고 생각해서 점점 어려워요.

◖◗

슬기   선생님이 극단의 대표이고, 나이도 배우들보다 많
고, 연기하는 배우 입장이기보다는 주로 쓰고 연출
하시니까요. 자연스럽게 발생할 수밖에 없는 권력이

있고, 그 권력이 관계에 어떤 영향을 끼칠 수도 있을 것 같아요. 그런 맥락에서 선생님은 지금 스스로에게 배우는 것들이 있으세요?

지수 　저에게요? 어⋯ 저에게 배우는 것들은 와⋯ 나이가 들수록 버려야 될 것이 많구나, 이런 생각이 정말 많이 들고요. **버릴 것이 많구나, 그리고 놓을 때가 오는구나.** 그니까 한발 물러서야 하는 것들이 많아지는 건데요. 음⋯ 저는 정말 정말 직관적으로 지금 뭘 해야 되는지가 너무나 선명한 사람이었는데, 어느 순간 그게 흐릿해지더라고요.
　　　　저는 단체의 대표를 하는 데 필요한 에너지가 있다고 생각하거든요. 그래서 그 사람의 에너지가 거의 끝나 갈 때쯤에는 다른 흐름의 대표가 오는 것이 시대적으로도 맞고 자연스럽다고 생각하는데, 저에게 그런 시기가 오고 있는 것 같아요. 특히 최근에 많은 사람들이 관심을 갖고 기대를 하니 저도 모르게 내면에서 더 잘해야 한다, 이런 것들이 불편하게 생겨나는데요. 그래서 배우들한테 뭔가 계속 더 요구하게 되고요.

슬기 　선생님이 욕심을 더 내는 것에 대한 경계인 건가요?

지수 　그렇죠. 저도 개인적으로 하고 싶은 것도 있고 그렇지만. 제가 저 자신을 잘 컨트롤하지 못하면 많은 지점에서 균열이 생길 수 있겠다는 생각이 들어요. 누구나 다 자율성을 원하고 특히 배우들이나 연출은 각자가 하고 싶어 하는 것들이 더 많아지니까요. 저의 역할은 그것들을 존중하고 할 수 있도록 도와주는 거라고 생각하고 있어요. 언젠가 대표를 안 하게 되면 극단을 그만두진 못 하겠지만 어느 정도는 떠나 있어야 되겠다, 라는 마음도 있고요. 그래야 그 안에서 새로운 사람이 해나갈 수 있으니까요. 자꾸 관여해서는 안 되고, 놓을 때 되면 딱 놓는 거다, 이걸 제가 잘 지킬 수 있을지 걱정이에요.

슬기 연극계에 많은 극단들이 있고, 저도 가까이서 멀리서 그들을 지켜봐왔는데, 극단 대표로서 선생님은, 이런 생각을 하고 계신 것만으로도 사실 너무 훌륭하신 건데!

지수 제가 극단 하면서 제일 어려운 건 그런 거 같아요. 자립생활센터가 어떤 시기를 지나니까 1세대 소장들이 나이를 먹고 그러면서 센터가 고착화, 사유화되는 경향이 나타났어요. 그런 걸 겪으면서 그 밑에 있던 팀장이나 국장급의 사람들이 "난 저 사람처럼은 안 할 거야." 하면서 센터를 만들어서 나가기 시작했죠. 그런 과정을 보면서 제가 느낀 건, '저 사람처럼 하지 않는다.'는 본보기가 될 수 없다는 거였어요. 그럼 딱 그 사람처럼 안 하는 방식 몇 가지밖에 생각을 못 하고, 정작 내가 어떻게 가야 할지는 분명하지가 않아요. 그러니까 또 다른 고착 상태에 빠지는 거죠. 그래서 제가 극단을 할 때는 '이렇게 안 하겠다.'보다는 '이렇게 하겠다.'라는 게 있었어요. 그런데 지금은 어디까지 어떻게 내가 할 수 있을까, 그런 질문을 스스로에게 하고 있는 거고요.

슬기   나이 들어간다는 것에 대해 이런저런 얘기를 해주셨지만, 저는 무언가를 놓아버린다는 것에 대해서 생각하게 되는데요. **그게 포기일 수도 있고 체념일 수도 있지만, 그런 부정적인 말로 표현되지 않는 놓아버림?** 그런 게 있지 않을까 싶거든요. 어쩌면 그걸 잘 찾아내는 것이, 그래서 포기나 체념을 하는 게 아니라, 일종의 자기합리화를 잘하는 것이 중요하다는 생각을 요즘 하고 있어요. 어떻게 하면 잘할 수 있어요?

지수   선생님 아직 젊으셔서. 하하하. 다 할 수 있게 되는 것 같아요.

슬기   하하하. 안 젊은데. 선생님 나이가 되면 어때요?

지수 그건 사람의 성향에 따라 다를 텐데, 놓기 싫은 것과 쉽게 놓게 되는 게 있을 수도 있고요. 그러니까 의식하지 못하는 채로 놓게 되는 거랄까요. 자연스럽게 안 하게 되는 거니까 그건 놓아버리는 것과 다를 수도 있겠네요.

슬기 저는 선생님이 자기 성찰을 놓으시면 어떨까 싶어요. 흐흐흐. 선생님은 정말 너무 많이 성찰하신다니까요!

○

내가 지수 씨에게 자기 성찰을 놓아버리라는, 어쩌면 건방지게 느껴질 수 있는 말을 뜬금없이 했던 이유는, 그에게 여전히 하고 싶은 일이 있다는 인상을 강하게 받아서였다. 물론 그의 성찰이 지금의 김지수를 만들었겠지만, 그리고 그의 성찰은 단지 자신의 선택이나 행동을 반성하는 것에 그치지 않고, 익숙한 신념과 습관에 질문을 던지는 데까지 나아가는 일종의 실천이지만, 나는 어쩐지 지수 씨의 그 모든 성찰을 뛰어넘는 욕망이 보고 싶어졌다.

그리고 지수 씨와의 대화 끝에 나는 깨달았다. 나이를 먹는다는 것은, 결국 그 모든 생애 경험과 관계 안에서 나의 욕망을 새롭게 발견해가는 일이 아닐까, 하고. 우리의 대화는 여러 주제를 종횡무진 넘나들었지만, 거기에는 언제나 예술을 하는 김지수, 장애연극을 하는 김지수가 있었다.

그 후 내가 어떻게 하면 잘 늙을 수 있을까 갈팡질팡하는 사이, 지수 씨는 단원들과의 워크숍에서 이제 정말로 극단 대표를 그만두겠다고 말했다. 놓아버림의 순간. 포기나 체념이 아닌, 자기 역할에 대한 인식. 나의 경험을 일방적으로 공유하기보다 그 경험을 토대로 기다리고 지켜보는 것. 지수 씨에게 나이를 먹는다는 건 그런 일이었다.

극단 애인은 다음 행보를 위한 논의를 해 나갔고, 지수 씨는 대표 자리에서 물러나기 전 6개월간의 안식월에 들어갔다. 극단을 만들고 15년 만에 처음 갖는 휴식이었다.

언젠가 지수 씨는 극단을 그만두면 셰어하우스 같은 걸 하고 싶다고, 마음이 잘 맞는 사람들과 어울려 살아가는 '돌봄 공동체'에 관해 이야기한 적이 있다. 지금 살고 있는 동네인 오류동에 극단 연습실을 얻을 때도, 동네 주민들과 함께 연극을 만들려는 소박한 꿈을 가지고 있었다. 장애를 가진 사람들이 지역사회에 자연스럽게 정착하는 것도, 그곳에서 풀뿌리 문화 운동을 해 나가는 것도 지수 씨의 오랜 바람이었다.

한번은 지수 씨와 둘이 연습실에 있는데, 전동 스쿠터를 탄 할아버지 한 분이 품에 반려견을 안고 들어오셨다. 할아버지는 지수 씨와 이런저런 안부 인사를 나누시더니, 연극할 때 쓰라며 온갖 장신구와 소품들을 꺼내놓고 떠나셨다. 내게는 그 모든 것이 너무 낯설었고, 또 너무 살가웠다. 요즘도 종종 연습실 문을 열어 놓으면, 극단 애인 간판을 보고 "여기 연극 하는 데예요?" 하면서 기웃기웃하는 어르신들이 계시다.

●

사실, 연극하려고 이 동네에 들어왔는데, 그래서 지역문화재단 지원 사업도 내보자고 했는데, 그럴 여력이 없었어요. 어머니가 가게를 하셨으니까 제가 그런 영향을 받았는지, 동네 분들 쉬어가실 수 있게 연습실 앞에 의자도 두고 싶고, 오시면 차라도 한잔 내어드리고 하는데요. 이 바로 앞에 있는 구제 숍 주인 아주머니도, 제가 동네에서 20년 전에 만난 인연이 있는 분이더라고요.

언젠가 그런 글을 쓰고 싶어요. 동네 사람들하고 어울려 사는 얘기. 저는 스스로 뭔가를 하는 걸 되게 좋아하긴 하지만, 심리적인 돌봄이 필요할 때가 있잖아요. 그래서 연습실을 여기다 얻고 다 이쪽으로 이사 와서 근처에 모여 살자, 제가 이런 얘기 많이 했었는데요. 어떤 공동체와 돌봄을 같이 고민해본 건데. 각자의 집에 살면서도 필요할 땐 서로 도움을 줄 수 있는 사람들이 있었으면 좋겠다고 생각했거든요.

제가 극단 10년 차 되던 해에, 아, 이제 극단은 언젠가 그만두고 나는 셰어하우스 같은 거 하면서 살고 싶다, 얘기했었어요. 진짜로요(웃음). 요즘 나오는 돌봄 공동체 이야기, 이런 거 어떻게 할 수 있을지 늘 생각해요. 근데 역시 그거는 내 맘 같지 않으니까 되게 쉽지 않은 일이고. 그러려면은 의기투합을 해야 되고 그래서 계획을 세우고 뭔가를 해야 되는데, 좋겠다, 생각만 하고 끝나니까.

그리고 좀 더 구체적으로 생각해보니까 돈 없이 뭔가를 하기가 너무 어렵구나, 하하하. 그런 데 관심 있는 사람들 만나서 얘기해 봤더니 돈 많은 사람들이 이미 하고 있더라고요. 그런 사람들 만나면 돈 얼마나 있어? 집 살 수 있어? 같이 건물 사 가지고 하자, 이런 얘기를 하게 되는데. 아, 난 돈 한 푼 없이 지금 무슨 생각을 했던 거지? 하하하. 나는 어떻게 해야 되는 거야, 그런 생각을 좀 했어요.

○

그러던 지수 씨의 삶에 불쑥, 예상치 못한 변수가 끼어든 것은 2021년 겨울이다. 안식월에 들어가기 직전에, 그가 복권방 사장이 되었기 때문이다! 복권 판매점 운영을 신청해보는 게 어떻겠냐는 가족들의 권유에, 노후도 생각해야 하니 한번 신청이나 해볼까 하는 마음이었다. 하지만 워낙 경쟁률이 높다는 소리를 많이 들어 별반 기대는 안 하고 있었던 일이다. 덜컥 선정이 되어 정신없이 오픈 준비를 하고 영업을 시작한 이후, 지수 씨의 삶은 완전히 새로운 국면에 접어들었다.

그 후 나는 지수 씨를 만날 때마다 그의 복권방에서 일확천금을 노리겠다며 너스레를 떨었고, 실제로도 복권을 사기 위해 평소엔 잘 사용하지 않는 현금이 생길 때마다 차곡차곡 그 돈을 모았다. 하지만 왜인지 지수 씨는 한사코 나를 그곳에 부르려하지 않았고, 나 역시 쉽게 그의 복권방을 찾아갈 엄두를 내지 못했다. 어쩌면 나는, 연극 안 하는 지수 씨의 일상을 어떻게 만나야 할지, 정체 모를 혼란에 긴장하고 있지 않았을까. 그는 복권방을 시작한 지 1년이 다 되어가는 지금도 가끔 "정말, 제 인생에 복권방이 웬 말이에요."라며 해들해들 웃는다.

●

복권방에서의 시간은 음… 손님을 기다리는 시간이죠. 처음에는 시간이 많아서 좋았는데 지금은 소소하게 해야할 일이 점점 늘어나고 있어요. 그리고 집중이 어렵죠. 어쨌든 손님이 오시면 그분에게 집중을 해야 하고, 금방 왔다 가시기는 하지만 제 생각을 길게 이어가거나 깊이 들어가는 게 잘 안 되더라고요. 처음에는 손님이 별로 없었으니까 쉬는 셈 치고 복권방에서 대본도 쓰고 이것저것 할 수 있겠지 생각했는데, 지금이라고 손님이 그렇게 많은 건 아니지만(웃음). 그래도 너무 시간이 없어서 결국에는 대본 작업을 할 때도 다른 사람한테 가게를 맡기고 시간을 따로 내서 하게 돼요.

거기서는 내가 연극을 한다는 걸 아무도 모르죠. 그냥 복권방 아줌마, 좋은 말로 하면 복권방 사장님, 복권방 하는 장애인, 원래 복권방은 취약 계층이 하는 거니까 장애인이 하는 거구나, 근데 실제로 장애인이 운영하는 가게를 그렇게 많이 보지 못했는데 여기는 진짜 장애인이 하네? 그러니까 이왕이면 저 집에 가서 팔아 주자, 이렇게 마음을 먹고 오는 손님들이 많아요. 그분들을 만나고 짧은 얘기들을 나누면서 그냥 이렇게 늙어가겠구나, 이런 생각이 들기도 해요. 어쨌든 노후 대책 같은 걸로 문을 열었으니까요. 물론 대책을 세웠다고 해서 그게 정말로 다 대책이 되는 건 아니지만요. 하하하.

사실, 음…… 뭘 해야 할지 잘 모르겠어요. 어떤 책을 읽고 어떤 영화를 봐야 하지? 이런 것부터 하나하나 다… 제가 드라마를 정말 좋아하는데, 만사가 귀찮고 회피하고 싶을 때 그냥 막 볼 수 있는 게 드라마거든요. 근데 오히려 복권방을 하고 나서, 정말 아무거나 볼까 봐, 그렇게 길들여질까 봐, 그게 습관이 될까 봐 못 보겠더라고요. **연극 안 하는 김지수… 상상이 안 가긴 해요. 그냥 연극을 '했던' 사람이 된다…** 그러면은, 다른 것보다 사람들하고 함께 연극을 했다는 것, 제가 정말 그런 걸 좋아했구나, 싶죠.

당시 나는 "복권방 하는 장애인"이라는 지수 씨의 표현이 품고 있는 바로 그 세계 앞에서, 둔중한 현기증을 느꼈다. 나이 들어간다는 것에 대해 우리가 나누었던 그 많고 많은 이야기도 '노후老後'라는 현실을 직면하자 힘을 잃었다. 늙어진 뒤라니, 참으로 이상한 말 아닌가. 늙는 건 언제나 진행형인데 도대체 언제부터가 노후란 말인가. 미래를 준비하고 설계하라고 부추기는 사회, 철저하게 개인의 영역으로 남겨진 불확실한 미래. 셰어하우스를 하고 싶다던 지수 씨는 복권방을 대책 삼아 노후를 살아갈 수 있을까.

나는 지수 씨가 이 모든 혼란스러운 질문을 어떻게 뚫고 나갈지 궁금해졌다. 드라마 한 편도 아무거나 보지 못하겠다는 지수 씨는, 연극을 하거나 하지 않거나 너무나도 같은 사람이었는데, 지수 씨를 둘러싼 현실은 그가 어떤 사람인지에는 관심이 없었다. 그로부터 두 달쯤 지났을까. "복권방 하는 장애인", 드디어 그 공고한 세계에 조금씩 틈새를 만들고 있는 지수 씨를 만날 수 있었다. 안식월을 끝내고 극단에 복귀해 다음 작업을 준비해야 하는 시점이었다. 연극하는 지수 씨의 귀환. 그는 언제나처럼 천연덕스럽게, 그러면서도 신중하게, 자기만의 답을 찾아가고 있었다.

●

올가을에 이전에 만들었던 작품들로 지방 공연을 가게 되었어요. 제가 연출한 단막극 두 개가 있는데, 그럼 연습도 해야 하고, 떠나 있는 동안 복권방을 누군가한테 맡겨야 한단 말이죠. 근데 지금도 가끔 일이 있어서 언니한테 가게를 부탁하면, 손님들이 오셔서 저를 찾으신다고 하거든요. 여태까지 (손님들에게는) 제가 연극한다는 이야기를 안 하고 있었는데, 이제 안 할 수 없게 돼버렸어요. 하하.

사실 거기서 저는 그냥 복권 파는 사장이고, 오시는 분들은 복권 사는 손님이니까 그걸로 충분하다고 생각했거든요. 제가 연극한다고 하면 괜스레 대단하다, 이런 이야기 듣게 될 것 같아서 부담스럽기도 했고요. 근데 사실 매주 오시는 손님들이 거의 대부분이라, 이제는 가게에 들러서 편안히 자기 이야기를 꺼내놓는 분들도 계시거든요. 어떤 관계가 만들어지긴 한 거죠.

저희 가게 바로 앞에 버스 정류장이 있는데, 거기 발달장애인학교 차량이 정차해요. 오후에 항상 거기서 내리는 분이 있거든요. 어머님이 늘 나와 계시는데 어느 날 복권을 사러 오셨더라고요. 제가 "여기서 매일 기다리시는 거 봤어요. 따님이 장애가 있으신가 봐요. 다름이 아니고 제가 발달장애인분들하고 연극을 해본 적이 있거든요." 하고 먼저 말을 걸었죠.

그분한테 처음으로 제가 연극한다는 이야기를 했어요. 그 이후로 어머님이 몇 번 들르시더니 언젠가부터는 따님과 같이 오시더라고요. 따님이 다른 사람하고는 말을 안 하고 엄마하고만 한다는데, 그런 생각이 들었어요. 언젠가 그 따님하고 말을 할 수 있게 될까? 인사라도 하게 될까? 하고요. 그러면 뭘 같이 해볼 수도 있겠다, 싶어서요(웃음). **정말 연극을 하게 될 수도 있겠죠?**

○

그날 지수 씨는 복권방에서 사람들을 만나는 소소한 즐거움에 관해 이야기했다. 그리고 언젠가 복권방 이야기로 희곡을 쓰고 싶다고 했다. 미래는 여전히 알 수 없지만, 그는 그 막연함과 불확실함조차도 사람들과 더불어 끌어안을 것이다. 장애와 젠더, 계급, 연령, 그 모든 경계와 범주를 가로질러 다양한 이들이 함께 만들어갈 '존재론적 안무.'* 나는 그 새로운 세상 속에 지수 씨가 마음껏 자기 춤을 추는 모습을 상상한다.

지금 지수 씨는 그 어느 때보다 역동적인 변화의 한가운데에 있다. 한차례 어지러운 적응의 시간이 지나고, 이제 그는 다시 한번 자신에게 찾아온 삶을 뜻대로 살아내려 한다. 내년엔 휠체

* '존재론적 안무'는 본래 "보조생식기술에서 기술, 과학, 친족관계, 젠더, 감정, 법, 재정적 문제가 역동적으로 상호 조정되는 것을 지시하는 말"로 캐리스 톰슨이 처음 제안했다. 해러웨이는 과학기술 영역에서 사용되는 이 은유적 표현을, 서로 다른 존재들이 함께 어울려 살아가며 관계 맺는 양상을 포착하기 위한 용어로 확장한다. 도나 해러웨이, 《해러웨이 선언문》, 책세상, 2019 참조.

어를 달려 7번 국도로 여행을 떠날 예정이다. 사람들을 알고 싶어서, 사람들이 사는 모습을 보고 싶어서, 오래도록 꿈꿔왔던 여행이었다. 어디에 머물든, 어디로 떠나든, 사람들을 만날 준비가 되어 있는 지수 씨를 보며, 나는 생각했다. 부디 그 모든 만남의 꼬리 어딘가에, **어수선한 해방의 연결이 싹트고 있길**. 서로를 의지해 자립하고, 모두의 고유성 안에서 공존할 수 있는 새로운 세상이 꿈틀거리고 있길.

에필로그

지수 씨가 안식월을 가진 사이, 극단에서는 그가 대표를 그만둔 이후에 대해 본격적으로 이야기를 나누기 시작했다. 창단한 지 10년이 넘어가는 중견 극단들이 대개 그렇듯, 극단 애인에서도 서로 다른 생생한 목소리들이 쏟아져 나왔다. 단원들 저마다가 그리는 예술가로서의 방향성과 극단의 미래는 여러 층위와 차원을 넘나들었고, 지수 씨는 이 이야기를 재료로 연극을 만들자고 제안했다.

분명 그 연극엔 지난 시대의 장애연극과 다음 시대의 장애연극 이야기가 담겨 있을 것이다. 아니, 어쩌면 그 속에서 하나로 정의되지 않는 다양한 장애연극의 개념이 제시될 수도 있고, 지금까지와는 사뭇 다른 장애연극의 의미가 재구성될 수도 있다.

15년의 세월 동안 자기 길 찾기를 해온 장애연극인들이 직접 그 역사를 써 내려가는 일, 그것은 외부의 시선으로 그 목소리를 '발굴'하거나 '복원'하는 일과 다르다. 더구나 장애연극인의 창조성과 전문성을 동원한 역사 쓰기라니, 이 얼마나 도발적인 프로젝트인가.

그럼에도 불구하고 지수 씨는 대표를 그만두기 전, 미처 해보지 못한 일들, 아쉬웠던 기억들이 먼저 떠오르는 것 같았다. 나는 지수 씨가 스스로에게 너무 인색한 것이 마뜩잖아서, 좀 더 너그러워지라고, 여든 살이 된 할머니가 지금의 김지수에게 해주고 싶은 말을 생각해보라고, 그를 구슬렸다.

●

15년을 해왔다, 이런 거는 정말 별것 아닌데, 아무것도 아닌데, 사실 우리에게는 15년이라고 해도, 비장애인들의 속도와 성장의 시간에 맞춘다면 절반 정도 되겠죠. 다른 것보다 다음 세대의 배우들이 더 들어올 수 있는 상황을 잘 만들어놓지 못한 거, 그게 되게 아쉬워요. 그래서 장애배우들과 함께하는 아카데미 프로그램이 더 기대가 돼요. 연극을 하고 싶어 하는, 배우가 되고 싶어 하는 지체, 뇌병변장애인들한테 어떤 계기가 되었으면 좋겠고요. 물론 극단 애인한테도 너무 중요한 일이죠.

(-할머니 김지수가 지금의 김지수에게 해주고 싶은 말은요?)

저는 저를 칭찬하는 게 아니라 연극을 칭찬할 것 같은데요. 하하. 어쨌든 제가 연극을 하면서, 다른 많은 사람들은 하지 않는, 장애에 대한 생각을 하는 계기가 되지 않았나 싶거든요. 예술인으로서 장애인의 몸을 본다거나, 장애연극인으로서 어떤 걸 시도해보고 싶다고 생각한다거나, 그렇잖아요. 그게 다 연극 덕분인데. 하하하하. 저는 그게 가장 좋았어요. 연극을 하면서 막 뭔가 해보고 싶었던 순간들, 설레기도 하고 너무 재미있을 것 같고, 함께 무언가를 해봤던 시간들이요.

애인을 떠올리면, 음… 애인이 저한테 소중한 건, 우리가 함께 연극을 해왔기 때문이에요. 우리가 살고 있는 사회에 대해서, 그런 사회에서 우리가 어떻게 살아야 하고 어떻게 연극을 해야 하는지에 대해서, 함께 얘기하고 배워왔기 때문이죠. 그렇게 해서 개인의 일상에서 시작된 이야기가 예술적인 창작품이 되기도 했고요. 그런 것들에 대한 즐거움과 행복이 있었어요. **애인들하고 그걸 같이한 거예요.**

○

지수 씨의 이야기를 들으면서 나는 한 시대가 간다는 것에 대한 슬픔과 아름다움에 사로잡혀 있었다. 그런 나와 헤어지면서, 지수 씨는 말했다. 시간은 흘러가는 것이고 우리가 어쩔 수 있는 게 아니라고. 다만 우리가 그 시간 속에 있었다는 게 중요한 거라고. 그렇게 지수 씨는 다른 시간 속에 머물기 위해, 끝이 아닌 시작을 준비하고 있었다.

이렇게, 이 책의 이야기는 끝을 맺는다. 아니, 다른 시작을 연다. 연구자로서 시작했던 구술생애사 인터뷰는 점차 동료 연극인 사이의 대화로 바뀌었고, 어느 순간 과거의 삶을 듣는 것에서 지금의 삶을 함께하는 것으로 나아갔다. 물론 나는 지수 씨가 말하지 않은 것이 있다는 걸 알고 있다. 말할 수 없었던 것들, 말이 되지 못한 것들도 있었을 거다.

그러나 3년 전, 지수 씨와의 첫 인터뷰를 마치고 나는 이미 알았을 것이다. 지수 씨에게 들어야 할 이야기가 너무 많이 남아 있다는 걸, 그 이야기가 오래도록 끝나지 않을 거라는 걸, 하여 어떤 국면들을 넘어서며 그와 계속해서 새로운 시작을 마주해야 할 거라는 걸. 때로는 저간의 시간들이 너무 좋아서 영원히 그 시작이 지연되었으면 좋겠다고 생각하면서.

가끔 좀 더 일찍 지수 씨를 만났더라면, 하고 일어난 적 없는 일들을 그려볼 때가 있다. 이상하게 들릴지 모르겠지만, 그 그림들 속에서도 나는 한결같이 지수 씨와 이야기를 나눈다. 그와의 시간 속에서 나는 이야기를 듣는다는 것이, 들은 말들을 해석하는 행위이면서 아울러 나를 해석하는 행위라는 걸 배웠다. **누군가의 이야기를 정말로 알아듣기 위해서는 내가 어떤 사람인지 알아야 한다.** 나는 미래가 아닌 과거로 달려가서, 그렇게, 지수 씨와 함께, 내가 누구인지를 알아간다.

○

　얼마 전 공연을 보러 극장에 갔다가 새 휠체어를 타고 나온 지수 씨를 만났다. 오랫동안 지수 씨 몸에 맞춰져 있던 휠체어가 언제 고장 날지 모르는 상태가 돼서, 새 휠체어를 샀다는 얘기는 이미 들어서 알고 있는 터였다. 백방으로 수소문을 해봤지만 같은 모델은 생산을 멈춘 지 오래고, 더는 부품도 구할 수 없었다고 했다.

　그 휠체어가 완전히 고장 나기 전에 새로운 휠체어에 적응할 시간이 필요했다는 지수 씨. 하필 극장에서 가장 가까운 지하철역엔 엘리베이터가 없었기에, 한 정거장 전에 내려 극장까지 내달리는데 전화가 한 통 걸려왔다고 했다. 공연 시작 2분 전인데 왜 오지 않느냐고. 세상에! 지수 씨는 그렇게 시간이 흐른 것도 미처 몰랐다. 저것은 황홀한 춤이 아닌가, 싶을 정도로 나를 매료시켰던 그의 휠체어 드라이빙은 확실히 온데간데없었다.

　그날 나는, 공연이 끝나고 지수 씨와 함께 가기 위해 다음 지하철역까지 걸으면서 이 이야기를 들었다. 마침 비가 쏟아졌고, 지수 씨는 편의점에서 새 우산을 산 참이었다. 반질반질 윤이 나는 새파란 휠체어에 앉아 새하얀 우산을 쓴 지수 씨를 보면서, 나는 비를 좋아하는 그가 처음 전동 휠체어를 샀던 날 우산을 샀다고 얘기해줬던 게 떠올랐다.

　지수 씨와 함께했던 무수한 순간들이 한꺼번에 몰아치고 있었고, 나는 가만히 김지수라는 세계를 감각하고 싶었다. 장애배우들이 출연한 연극을 보고 나왔는데도 해야 할 이야기가 떠오르지 않았다. 지수 씨는 연극 이야기를 하면서 내내 내 걸음 속도를 완벽하게 맞춰주었는데, 나는 옆에 걸으면서도 휠체어 뒤에 걸린 지수 씨의 노트북 가방이 열려 있다는 것을 알아채지 못했다.

지하철역에 도착해서야 뒤늦게 비에 젖은 노트북을 발견했다. 휠체어는 너무 컸고, 우산은 너무 작았다. 밤이 늦어 지하철에는 사람이 많지 않았고, 우리는 안전하게 휠체어 이용자들을 위한 공간에 자리 잡을 수 있었다. 왠지 현기증이 났다. 그가 내게 들려준 그 모든 이야기 속에서 나는, 시간이 걸리더라도 자신만의 속도로 새 휠체어에 적응해나갈 지수 씨의 모습을 떠올렸다. 불현듯 과거와 현재, 미래가 온전히 하나가 된 그가 내 눈앞에 있었다. 나는 지수 씨를 배웅하면서 그에게 우산을 선물해야겠다고 생각했다.

장애인의 삶을 하나의 위치성으로 규정할 수 없듯이 김지수의 삶을 장애인의 위치로만 규정할 수 없는 수많은 순간들의 시간이 흐른다. 그럼에도 김지수는 자신의 삶을 구술하는 내내 '장애인'이라는 위치성을 잊지 않는다. 그녀가 말하듯 '장애가 세상을 바꾸는 조건'이기 때문일 것이다.

《농담, 응시, 어수선한 연결》은 창작자 김지수의 구술을 연구자 김슬기가 기록한 책이다. 또한 김슬기가 김지수와 함께 연극을 만들고, 장애연극에 대해 연구하며 연극 동료이자 일상을 함께 공유하는 동료 시민임을 인식하는 과정을 담고 있다. 그 과정은 따뜻한 환대나 새로운 예술을 발견하는 설렘에 그치지 않는다. 타자들의 만남은 끊임없이 미지의 영역을 마주하는 두려움과 응시, 대화, 농담, 사과, 질문, 반성, 감응을 넘나들며, 김슬기의 위치성을 재인식하게 한다. 김슬기의 위치성을 통해 나는 나의 위치성을 재인식하며, 또 다시 김지수의 위치성을 재인식한다.

그들의 대화는 이 책으로 끝나지 않을 것이다. 이후에 이어질 대화가 또 어디로 닿을지, 김지수가 기록하는 김슬기와의 시간은 어떨지도 궁금하다. 무엇보다도 김지수가 오래도록 연극하기를 바란다. 우리의 몸과 마음은 지금과는 또 달라지겠지만, 함께 나이를 먹으며, 함께 연극할 수 있기를.

−이연주(연극 연출가, 〈인정투쟁; 예술가편〉 작 · 연출)

농담, 응시, 연결. 장애인 극단 애인의 창립자인 김지수가 연극 연구자 김슬기에게 구술한 생애사에는 이 평범한 단어들이 한 사람의 생애를 관통하며 기묘한 힘을 발휘하는 장면들이 잔뜩 담겨 있다. 그는 말한다. 혐오와 자긍심 사이에 놓이는 장애 농담의 위험한 매혹을. 장애인을 노골적으로 바라보는 것은 실례라고 배운 선량한 관객 앞에서 기어이 응시의 대상이 되려는 장애배우의 고집스런 자의식을. 장애인으로서의 삶과 무대와 세계를 연결하려는 시도의 지난함과 경이로움을.

이제 나는 김지수의 휠체어가 일부러 울퉁불퉁한 길을 택해 지나갈 때 느끼는 전율과 속도감을 궁금해한다. 그것을 감각하는 그의 몸이 무대에서 어떤 세계를 펼쳐 보일지 무척 기대된다. 바라건대, 그 순간에 내가 극장에 있기를. 모두에게 열린 문턱 없는 극장에서 우리 꼭 만나기를.

－오혜진(문학평론가,《지극히 문학적인 취향》저자)

나의 딸 은혜 작가가 그린 지수 씨의 모습을 물끄러미 바라본다. 20년 전 처음 보았던 지수 씨는 예나 지금이나 여전한 모습으로 휠체어에 앉아 있는데 세상은 변했을까?

한국 사회에서 예술가로 산다는 것은 참으로 혹독하다. 지수 씨와 은혜, 두 사람은 예술가로서 세상을 응시하고, 삶을 통해 주저함 없이 세상에 말 걸어왔다. 세상이 멈추지 않도록 흔들며 자극해왔다. 그 노력 덕분일까. 세상은 아주 조금씩 달라지고 있다.

아무 일도 일어나지 않는 삶이란 존재하지 않는다. 이 책은 예술로 서로 다른 세상을 연결해온 삶의 말을 들려준다.

−장차현실(만화가, 《또리네 집》 저자)

당신이 좋아하는 걸 한다고 치자. 혼자는 못 하고 동료를 찾아야 한다. 어디서 찾지? 당근마켓? 우리의 주인공 김지수는 연극을 해야지! 하고 6박 7일짜리 국토 종단을 가서 만난 사람들에게 전화를 돌렸다. "나 알죠? 내가 극단을 하나 만들어볼까 하는데 같이 한번 해볼래요?" 이건 거의 해적왕이 될 사람이다. 장애연극 공동체 극단 애인은 이렇게 탄생해 15년이 됐다.

한편 이 책은 연극인이자 연구자 김슬기와 극단 대표이자 복권방 사장 김지수의 합작이다. 논문 한번 써보려던 비장애인 김슬기는 "두 발로 걸어본 적이 없어" 대사가 안 외워진단 식으로 치고 들어오는 당사자계(?) 농담에 진땀 흘리다가 점점 같이 웃는 사람이 되어왔다. 그 사연이 궁금하면 책을 읽는 게 좋겠다.

－홍혜은(페미니스트 기획자·저술가)

농담, 응시, 어수선한 연결
:삶과 예술 사이 장애연극의 시간

초판 1쇄. 2022년 11월 18일
글. 김슬기
말. 김지수

편집. 박우진
디자인. 나침반
제작. 세걸음

펴낸곳. 가망서사
등록. 2021년 1월 12일 (제2021-000008호)
주소. 서울시 은평구 통일로78가길 33-10 401호
메일. gamangeditor@gmail.com
인스타그램. @gamang_narrative
ISBN. 979-11-979719-1-4